U0937711

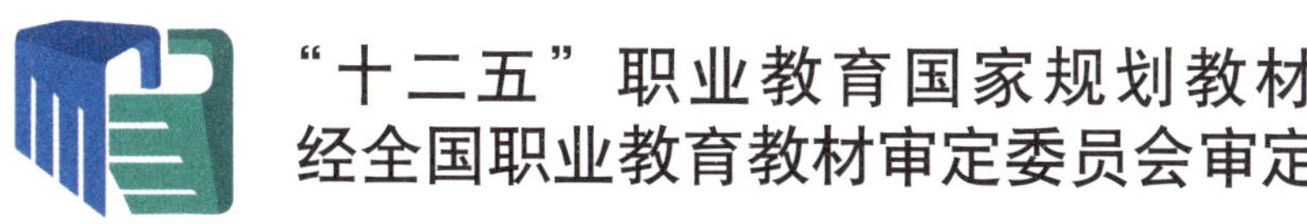

学前教育专业系列教材

美　术

（第三版）

徐绍田　主编

科学出版社

北　京

内 容 简 介

本书共分七章，较详尽地介绍了素描、色彩与绘画艺术、简笔画、卡通画、中国画、装饰画、幼儿园装饰环境创设等基本知识、技法及步骤。本书各章节内容由易到难，语言简明，重点突出，并附有大量的插图，便于读者学习使用。

本书不仅可以作为高等院校学前教育专业的教材，还可以供各幼儿园、少年宫、职业中专师生和广大业余美术爱好者选用。

图书在版编目(CIP)数据

美术 / 徐绍田主编. —3 版. —北京：科学出版社，2015
（"十二五"职业教育国家规划教材·学前教育专业系列教材）
ISBN 978-7-03-044297-0

Ⅰ. ①美… Ⅱ. ①徐… Ⅲ. ①学前教育 – 美术课 – 职业教育 – 教材 Ⅳ. ① G613.6

中国版本图书馆 CIP 数据核字（2015）第100659号

责任编辑：王 彦/ 责任校对：马英菊
责任印制：吕春珉/ 封面设计：一克米工作室

科学出版社出版
北京东黄城根北街16号
邮政编码：100717
http://www.sciencep.com

三河市骏杰印刷有限公司印刷
科学出版社发行　各地新华书店经销
*
2008 年 5 月第一版　2023 年 12 月第二十四次印刷
2012 年 6 月第二版　开本：787 × 1092　1/16
2015 年 12 月第三版　印张：10 1/4
2023 年 6 月修订版　字数：231 000

定价：49.00 元

（如有印装质量问题，我社负责调换〈骏杰〉）

销售部电话 010-62136131　编辑部电话 010-62130750

前言

Preface

教育是国之大计、党之大计。培养什么人、怎样培养人、为谁培养人是教育的根本问题。学前教育是国民教育体系的重要组成部分，办好学前教育，关系亿万儿童的健康成长和千家万户的切身利益，关系国家和民族的未来。进入21世纪，人们意识到学前教育在基础教育中的作用，看到了学前教育对幼儿发展的重要影响。尤其是近几年来，随着我国社会经济的不断发展以及人民群众生活水平的进一步提高，党和政府高度重视我国学前教育事业的发展，2010年颁布的《国家中长期教育改革和发展规划纲要（2010—2020年）》中明确提出要“积极发展学前教育”，这对于促进我国学前教育的改革和发展具有非常重要的意义。

本书主要内容以“基本”和“新”为原则，结合学前教育专业学生实际和教学特点及有关院校美术教师教学实践的经验编写而成的。

本书分七章，较详尽地介绍了素描、色彩知识、简笔画、卡通画、中国画、装饰画、幼儿园装饰环境创设等基本知识和技法及步骤。

在素描章节中，重点介绍了石膏几何模型和静物素描的有关基本理论知识和写生的正确观察方法及步骤。为适应学生的个性发展，还兼顾介绍了石膏头像、人物头像、人物速写和风景速写等基本技法与写生步骤。

在色彩章节中，简要介绍了如何通过学习色彩知识和绘画色彩语言，提高学生审美意识；重点介绍了水粉画、水彩画写生练习步骤和色彩的感觉能力及表现技巧。

在简笔画章节中，分别介绍了简笔画的艺术特点及应用，简笔动物画、简笔花卉、简笔人物、简笔风景4个内容的表现方法与技巧。

在卡通画章节中，主要介绍了卡通画的发展现状和前景、卡通画的艺术表现规律和特点、卡通画的绘制方法。

在中国画章节中，分中国画发展的历史和艺术特点、中国工笔花鸟和写意花鸟三部分。重点介绍了中国工笔花鸟和写意花鸟及小品画的造型、设色、创作技巧。

在装饰画章节中，重点介绍了装饰画的艺术特点及在生活中的应用、黑白与色彩装饰画制作工艺、装饰画创作技巧。

在装饰环境创设章节中，系统地阐述了幼儿园教育环境创设的基本理论、幼儿园各种教育环境以及玩教具设计的主要内容、基本方法和基本技能，包括幼儿园室内外空间环境及区域环境的创设、幼儿园各类墙饰和玩教具的设计与制作等内容。

本书各章节内容由易到难，语言简明，重点突出，并附有大量的插图，便于读者学习使用。

本书的特色在于突出美术技能型幼儿教师的培养目标，将与幼儿园美术教学有关的多种技能，整合为一个理论与实践并重的教学内容体系，是一本融合知识素养的现代幼儿教师职业技能培养的实用教程。

本书自2008年出版以来，使用至今已有七年之久。在此期间，我们一直关注美术教材在学前教育专业教学过程中的应用与发展，同时也不断接受各位编委以及教学一线教师的教学信息反馈与建议。本书在2014年被评为“十二五”职业教育国家规划教材。本次改版在第一、二版的基础上进行了必要的修订：一是根据美术类教学的规律和特点，有关章节增补了若干图片，以供学生临摹参照；二是对个别有学习难度的章节，把方法步骤及注意的问题一一细化；三是在简笔画、卡通画、装饰画和幼儿园装饰环境创设章节中实施教学内容情景化、案例化，适当插入一些绘画案例和创设场景范图；四是对本书的封面和版式设计改观，以期有更好的视觉效果。

本书的再版得到了全国各兄弟院校的大力支持，他们对本书的修订提出了很多宝贵意见，在此表示衷心的感谢。

本书可作为普通本、专科院校、高等职业院校、成人高校及中等职业学校学前教育及相关专业的教学用书，也可作为各幼儿园、少年宫和广大业余美术爱好者的业务参考书及培训用书。实事求是地说，要编好这门新兴课程的新型教材，对我们而言并非易事。在完成教材编写任务的过程中，编写人员遇到的主要困难是在课程框架建构方面无例可援，能收集到的相关资料，大部分是图片及说明，理论阐述很少，系统的理论研究更少。由于幼儿园美术课是多学科性的，所以，培养学生美术综合技能为主旨的课程建设，必须在注重培养学生专业理论能力的同时，又要注重提高学生的综合实践能力。因此，一个实践性、综合性必须全面并重的学科体系建构，便成为我们创新尝试的理念。

由于编者水平有限，书中缺点、错误在所难免，恳请读者批评、指正。

目录

Contents

第一章
素　描

❖ 本章知识点

1. 了解和掌握素描的基本理论和基本常识；
2. 重点学习和掌握石膏几何模型和静物素描写生的正确观察方法及步骤。

第一节 素描的概念和基本术语

一、素描的概念

素描是研究造型艺术的单色绘画，属于绘画的范畴。

二、素描的种类

从写生内容上，素描分为静物、动物、风景、人像及人体素描等；从时间概念上，素描可分为长期素描、慢写、速写等。

三、素描的工具

素描的工具有铅笔、炭笔、钢笔、毛笔、水墨、粉笔等。

铅笔分中性 HB；软性 B、2B、3B、4B、5B、6B；硬性 H、2H、3H、4H、5H、6H 三类。

四、素描的基本术语

1. 线条

线条是素描中的主要因素。首先素描可以只用线条也能正确地表现出物体的主要造型特征，其次色调本身也是由线条排列组合而成的。

2. 色调

运用细腻的色调表现比只用线条更能深入细致地表现出物体的造型、结构、质感、空间感等特征。表现出来的效果更接近自然形象。

在实际写生练习中，可以只用线条作画，也可以只用色调表现，还可以把线条与色调结合起来表现。

初学素描者，开始应学会用线条表现物体、用线条找准轮廓和把握比例及透视关系等。

再逐步学会用细腻的色调层次表现物体的结构、明暗、质感、空间感，其目的就是为了更细致地观察、理解物体的轮廓和结构特征。

3. 线条的表现形式

素描写生中，无论是只用线条作画，或只用色调表现，还是用线条与色调结合起来表现，都离不开线条。如何用线来表现和塑造物象的体积，除了靠正确的结构和透视外，还有如何利用线的软硬粗细、轻重浓淡、虚实刚柔等变化以及线的不同排列方法来表现物体，才能使素描画得生动而立体，如图 1-1 所示。

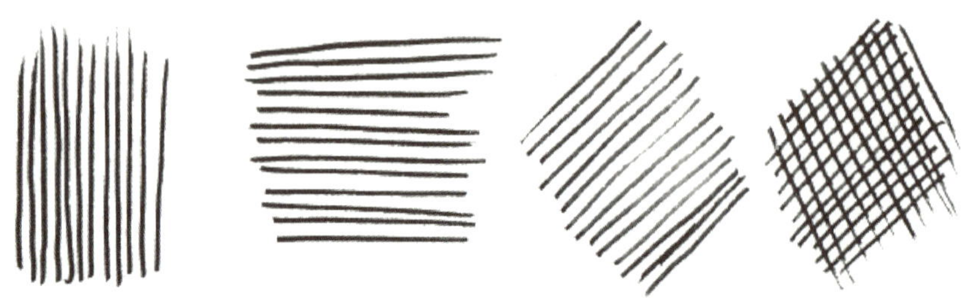

图 1-1 线条

4. 明暗与色调变化

物体在光线的照射之下，就会产生一定的明暗面，并呈现色调的深浅变化。

素描中，形体的明暗之间的对比关系叫作明暗关系。

在素描中，明暗关系是表面现象，形体结构是本质的，所以观察和表现形体的明暗关系只是一种手段，其目的是通过这一手段刻画处于一定光线照射之下的形体本质特征。

5. 明暗色调变化的规律

物体在光线的照射下便产生了明暗，形成亮面和暗面两大部分；三大面：亮面、灰面、暗面；五种色调：亮色调（包括高光）、亮部灰色调、明暗交界线（色调最重）、暗部色调（包括投影）、反光，如图 1-2 所示。

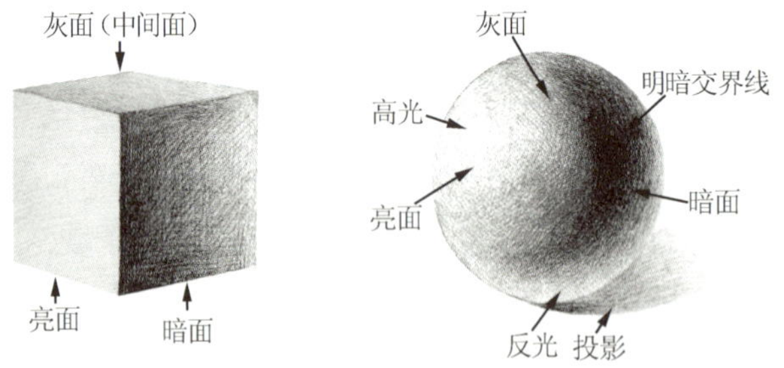

图 1-2 明暗色的变化

6. 素描的观察方法

在素描写生中，要做到始终从整体出发观察和刻画形象，始终使局部服从整体，看不出、画不准整体特征，局部特征即使再准确也会失去存在的意义。

任何形体形象均是由各个局部组成的一个整体，整体离不开局部，局部受整体的制约。二者是辩证统一的。在明确物象整体特征的前提下再观察局部，研究局部在整体特征中所处的位置和所起的作用，并加以刻画。具体要求是：整体—局部—整体，即从整体着眼，从局部入手，然后再回到整体，这是观察和刻画形象的基本原则，也反映了整体与局部的辩证关系。要学会运用这个公式来指导自己的观察和写生实践。

不认识、不理解物象的本质，也就不可能真正理解物象的表面现象，从而会产生某种盲目性。在素描中，形体结构决定着形象的本质特征，因此要从本质观察和理解物象的形体结构，如静物中的面的转折关系、连接关系、凹凸点等；人物形象中的解剖（肌肉、骨骼）、骨点、关节、结构的方向及连接等。

掌握正确的观察方法不是一件容易的事，只要勇于实践，善于学习和研究，不断积累和总结经验，就会取得成功。

第二节　石膏几何体写生

石膏几何体分立方体、圆球体、圆柱体、三角体、多面体、交叉体等。立方体、圆球体最具典型，二者不仅是物体自然形态的基本形式，也体现着两种最基本的视觉美感效果。

立方体由前后、左右、上下六个面构成，点、线、面清楚，体面形象明确、规范；立方体由六个相同面构成，所以能比较清晰地体现透视变化规律；在一定光线照射下，立方体便产生亮面、灰面、暗面、明暗交界线和反光五种色调。

由于立方体的体面形象简单明确，明暗关系层次分明，通过对立方体的写生实践，掌握表现体面结构和明暗关系的技巧和经验。

圆球体除了外轮廓清晰外，不仅点、线、面都含混不清，其透视现象也不明显，明暗色调变化和过渡也比较微妙。自然界许多物体都存在圆球体的构成因素，学习表现圆球体具有举一反三的作用。

石膏几何体的写生步骤如下：

一、确定构图

无论画单个几何体或组合几何体，都要注意安排好形体在画面中的上下、左右空间位置，避免形体画得过大、过小或偏向一侧。

二、画轮廓线

确定好构图之后，用直线轻轻地画出形体的大体轮廓。在画轮廓阶段，要注意找准形体的主要结构点，以点带线，以线带面，从而画好形体的体面关系。

画轮廓线阶段，一般用中性 HB 或 B 型铅笔为宜。

开始画大体轮廓阶段时，为便于分析形体结构和透视关系，可以用一些辅助线把每个几何体看不见的轮廓线和结构线画出来，把形体画成透明状，不仅可以帮助认识和理解形体前后关系并有利于研究和认识形体的透视规律，为画静物、石膏像和人像打下良好的基础，如图 1-3 和图 1-4 所示。

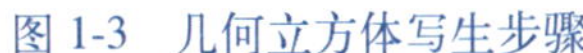
图 1-3　几何立方体写生步骤

图 1-4　几何立方体　徐绍田作

三、涂大体明暗

由于石膏几何形体造型相对比较简单，所以明暗关系也相对清楚。先以明暗交界线为界，用 B 型铅笔画暗部色调，交界线稍重，初步建立起亮面和暗面两大关系；再用 HB 中性铅笔画形体过渡面的灰色调和背景的灰色调；最后用 H 类硬铅笔画亮部色调。

四、深入刻画

画方体几何形体（立方体、棱柱、棱锥、长方体、多面体等）时，应从色调对比强烈的明暗交界线开始，向暗部（包括投影）发展，由深到浅，交界线色调最重。画组合几何形体时，应从离光线最近的形体开始，依次画出各个形体的明暗交界线和暗部色调，然后画出过渡面的灰色调和背景灰色调。要注意整体把握，切忌把一个形体画完后再画另一个形体。

画圆的几何形体（圆球、圆柱、圆锥等）时，也应从交界线画起。一是以交界线带动暗部色调和亮部色调；二是注意明暗交界线的弧度和上下色调的微妙变化；三是要表现出暗部反光和亮部灰色调的微妙区别；四是注意外轮廓线的虚实变化，如图 1-5 ～图 1-7 所示。

投影应和形体暗部色调的表现同时进行。接近形体的投影轮廓线较实，远离形体的投影轮廓线较虚，如图 1-8 ～图 1-11 所示。

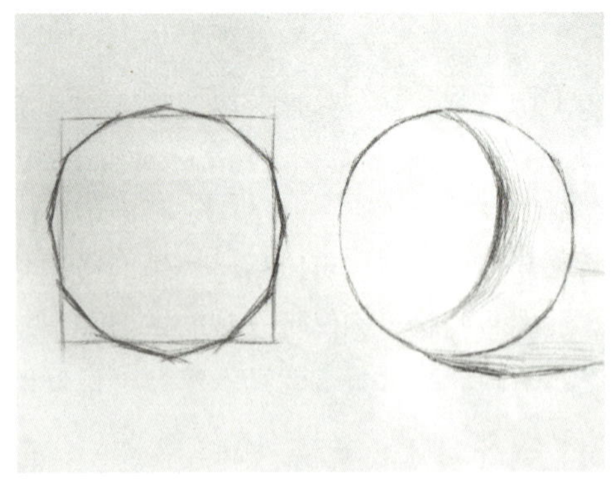

图 1-5　石膏球体写生步骤一

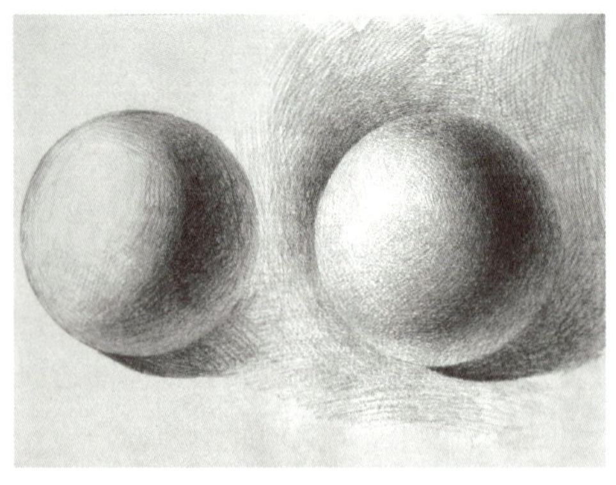

图 1-6　石膏球体写生步骤二

图 1-7 圆柱体写生 徐绍田作

图 1-8 交叉体写生 徐绍田作

图 1-9 几何体组合写生 徐绍田作

图 1-10 石膏模型写生 徐绍田作

图 1-11 石膏模型写生 徐绍田作

背景的色调要根据主体的需要进行表现，尽量减弱背景的细节，以避免喧宾夺主，如图 1-12 ～图 1-14 所示。

范图如图 1-7 ～图 1-11 所示。

图 1-12 石膏几何体写生 徐绍田作

图 1-13 石膏几何体写生 徐绍田作

图 1-14 石膏几何体组合写生 徐绍田作

思考与练习

1．石膏立方体写生。
2．六棱柱体写生。
3．圆柱体写生。
4．石膏圆球体写生。
5．石膏立方体、四棱锥、六棱柱体组合写生。
6．石膏圆球体、圆柱体组合写生。
7．石膏多面体、六棱锥、石膏交叉体组合写生。

第三节 静物素描写生

静物素描写生是整个素描教学过程中一个很重要的基础课题。与石膏几何体相比，由于静物的内容更广泛，物体颜色更加多样，黑、白、灰层次更加分明，造型美感更加丰富多彩，更富有生活气息。通过由简到繁、由浅入深、循序渐进的写生练习，逐步掌握立体造型的比例、透视、形体结构和明暗规律，锻炼构图能力以及表现物体质感、空间感等造型能力，奠定扎实的素描造型基础。

一、静物写生的构图规律

构图是指物体在画面中的合理位置安排。在静物写生过程中，只有把所表现的对象按照构图规律进行组织安排，才能构成一幅比较完美的画面。

一是处理好物体各部分之间彼此呼应、反复、均衡和多样与统一的关系，这在静物素描构图当中是很重要的，如图 1-15 ～图 1-17 所示。

图 1-15　石膏几何体与静物组合写生　徐绍田作

图 1-16　静物组合写生　徐绍田作

二是在静物素描构图中，应尽量做到均衡，使画面的主体物重心稍偏向一侧，打破对称的呆板画面，如图 1-18 和图 1-19 所示。

三是在静物构图中，一般要求物体在画面中形成一种正三角形关系。

图 1-17　静物写生　徐绍田作

二、静物的质感

静物素描中，质感表现是不可缺少的。有些物体表面粗糙，有些物体表面细腻，如：玻璃器皿是透明的，在光线作用下，可产生高光，但不产生明暗关系，不出现明暗交界线；瓷器等物品，其色调的明暗关系受环境的影响会呈现复杂的状态，比如反光色等。不同的物体表面的质感是不尽相同的。

图 1-18　静物写生　徐绍田作

图 1-19　静物写生　徐绍田作

在具体刻画时，要认真区别出各种物体之间的质地差别，才能更好地表现出物体的质感关系，如图 1-20 和图 1-21 所示。

图 1-20　静物写生　徐绍田作

图 1-21　静物写生　徐绍田作

三、静物的造型特点

静物造型概括起来大体可分圆球型系列（苹果、陶罐等）、方块体系列（合起的书本、盒子、椅子等）、方和圆结合的系列（香蕉、翻开的书本、切开的西瓜等）三大类。

在具体表现一个物体时，要注意把握大的造型特点，而不要被一些细节变化所迷惑。画组合静物时，要注意确定物体之间的比例位置关系和透视关系。

四、静物写生的方法与步骤

1. 构图

静物构图阶段，要紧紧围绕主题，突出画意，明确主次关系，通过认真观察和比较，将作画的位置确定下来。

2. 画大体轮廓

在画大体轮廓阶段，其画轮廓的方法和画石膏几何体方法相同。另外要注意如下 4 个方面：

1）各物体之间的形体比例关系。

2）各物体之间的远近距离关系。

3）物体本身的形体特征。

4）物体本身的透视关系。

画陶罐、花瓶等具有左右对称特点的静物时，为了便于把形体结构画准，可以借助中心垂直线，用来比较检验物体左右的对称关系，否则会把形体画歪或失去对称关系。

3. 深入刻画

深入刻画阶段主要是用线或明暗色调表现形体结构和质感。所以应重点把握两方面：

1）各物体之间的明暗层次关系。

2）各物体之间的质地对比关系。

在深入刻画阶段，要克服局部观察的习惯，养成整体观察形体特征和明暗色调层次的习惯。在明确整体特征的前提下，注重大与小的比较、高与矮的比较、长与短的比较、暗色调与暗色调的比较、灰色调与灰色调的比较、亮色调与亮色调的比较。学会在复杂的变化中鉴别表现的重点。

深入刻画阶段，要始终从整体着眼，局部入手，然后再兼顾整体，即整体—局部—整体。我们要学会用这个公式来指导自己的观察和写生实践。

在表现物体质感时，应当有所选择，无须把所有的细小变化一一照抄下来，物体质感的表现只能是相对的真实，不能绝对化。

静物写生范图如图 1-22 ～图 1-24 所示。

图 1-22　静物写生　徐绍田作

图 1-23　静物写生　徐绍田作

图 1-24　静物写生　徐绍田作

思考与练习

1. 以瓷坛和水果为主的组合写生。
2. 以瓷坛和蔬菜为主的组合写生。
3. 文具用品组合写生。
4. 体育用品写生。
5. 花瓶及玻璃器皿写生。

第四节 石膏像写生

石膏像是素描写生中的一个重要课题。由于石膏像具有洁白、反光度强、色调层次分明和比较稳定等特点，便于初学者理解形体结构面的转折与明暗变化的密切关系，所以素描石膏像使初学者在研究造型规律时，较之真实人物写生更易于获得准确性。

石膏像的写生步骤如下：

1. 构图

在石膏像写生中，首先要确定出画面上下、左右的适当空间。正面或底座尺寸相对高的石膏像，为了画的完整，上下空间可以留得适当小些，即所谓“顶天立地”；面部所朝的一侧空间可稍大，避免产生堵塞感，另一侧可相对小些。

2. 用线画基本型

1）先用直线画出石膏像的外部基本形，然后以十字交叉线，画出内侧的五官基本比例、透视和大的体面关系。这阶段应宁方勿圆。

2）用短直线进一步肯定石膏像的主要结构骨点、五官位置、头发的形体转折、外部轮廓的转折关系等。

3）结合弧型线把主要形体位置（包括投影）、结构点、形体与形体之间的连接关系、外部轮廓的细微转折刻画到位，为下一步画明暗色调奠定基础。这一步要注意圆中带方，如图 1-25 和图 1-26 所示。

图 1-25　石膏头像写生步骤一

图 1-26　石膏头像写生步骤二

3. 画大体明暗

画大体明暗阶段，切忌过早陷于细微色调的刻画，应不拘泥于细节，把所有的暗部统统画数遍（交界线稍重，并注意交界线的上下色调变化），直至建立起明暗两大关系。在此基础上，再画形体过渡面的灰色调和背景的灰色调；最后画亮部色调，如图 1-27 所示。

4. 深入刻画

深入刻画阶段，更要注意整体观察、局部深入、整体把握。暗色调和暗色调比较；灰色调和灰色调比较；亮色调和亮色调比较；反光和反光比较。局部形体变化应体现在局部的色调对比变化上；形体的大体体面造型则体现在总体色调的对比和层次关系上，如图 1-28 和图 1-29 所示。

图 1-27 石膏头像写生步骤三

图 1-28 石膏头像写生步骤四 徐绍田作

图 1-29 马赛像写生 徐绍田作

5. 整理完成

对比强烈的部位要适当加强，次要的部位要大胆减弱，使整个画面完整统一，如图 1-30 和图 1-31 所示。

图 1-30 外国青年像写生 徐绍田作

图 1-31 高尔基像写生 徐绍田作

思考与练习

1．石膏头部五官解剖及块面像写生。
2．罗马青年石膏像写生。
3．伏尔泰石膏像写生。
4．高尔基石膏像写生。
5．阿里斯托芬石膏像写生。
6．大卫石膏像写生。

第五节 人物头像写生

一、人物头像写生的意义

研究人物头部造型基本规律是素描写生的主要课题。人物的精神面貌、形象特征主要集中在头部反映出来，人物头像写生练习的意义是不言而喻的。一般初学人物素描，多从人物头像着手练习。

二、人物头像素描写生的步骤

1．观察阶段

在动笔作画以前，首先必须与人物模特共同确定写生对象的姿势、面部的朝向、视线的方向等，然后对人物的神情、性格、面貌特征，头、颈、肩的动态关系，光线的特点等方面进行全面的观察和比较，选择适宜的位置距离和作画角度，透视酝酿表现方法，做到胸有成竹，心中有数。

2．构图定位置

作头像素描的画纸，一般不要太大，有四开纸的尺寸就足够了。在画纸上确定头像的大小位置，就是构图。做到使头像与画面的比例协调，头像要防止过大、过小、过偏、过高或过低等的现象。头像不要超过真人的比例大小。做到各种关系的均衡、适中、自然、生动。

3．确定基本轮廓

起轮廓，首先要抓大的形体，结合人物结构特征及俯仰朝向的透视变化，确定五官部位的关系，头、颈、肩的关系，将内轮廓和外轮廓结合起来，同时进行探讨。从整体到局部，从大的形体结构到局部特征，从五官的形状到人物的神态，要协调一致，互相呼应，如图 1-32 所示。

4．形体特征的探讨

通过认真观察比较，进一步确定基本结构各部位之间的比例关系和基本结构面的转折关系，用线条和调子的明暗突出结构特征。明暗交界线对于表现形体结构和光线的特点有着重要的意义。明暗交界线有宽窄、深浅、虚实、刚柔等变化，应认真观察，找准关系，如图 1-33 所示。

图 1-32 人物头像写生步骤一

图 1-33 人物头像写生步骤二

5. 深入刻画，形和神的统一

深入刻画是本质表现的深入，不是把所看到的细节一一罗列出来。通过观察和理解，加以取舍，选择那些具有重要意义的细节，有比较有层次地加以刻画，减弱或删弃次要的东西，由表及里、由此及彼，逐步达到整体与局部的统一。只有通过整体地观察比较，才能了解和掌握局部和整体、各局部之间的从属关系和主次关系。整体是各局部所组成的，素描的整体效果，全靠各局部之间的协调。因此，任何必要的细节的强调都必须服从整体的需要，最后力求达到艺术表现的完整，形神兼备，如图 1-34 ～图 1-41 所示。

图 1-34 人物头像写生步骤三 徐绍田作

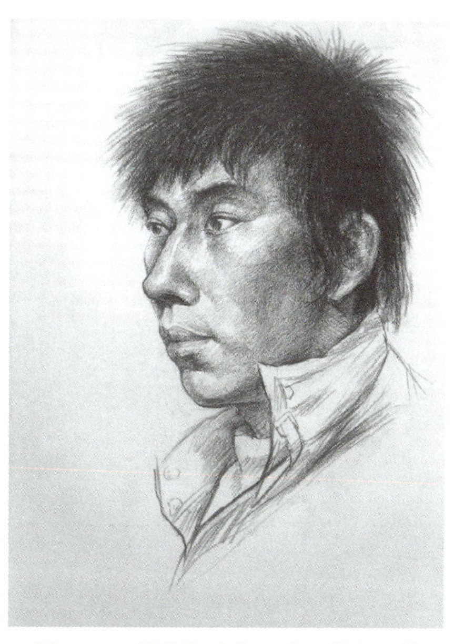

图 1-35 男青年头像写生 徐绍田作

图 1-36　女大学生头像写生　徐绍田作

图 1-37　女青年头像写生　徐绍田作

图 1-38　老人像写生　徐绍田作

图 1-39　女青年头像写生　徐绍田作

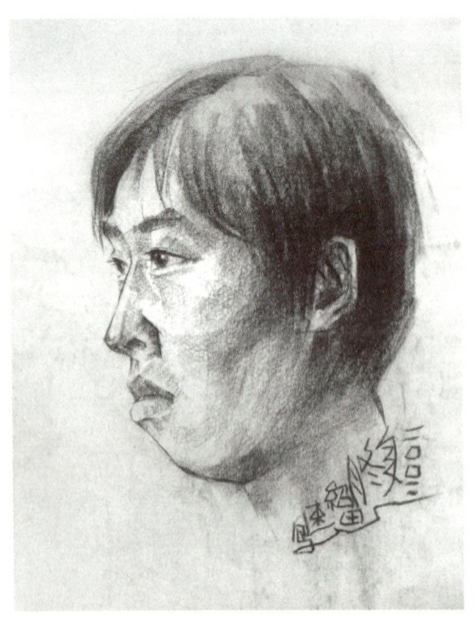
图 1-40　男高中生头像写生　徐绍田作

图 1-41　女大学生头像写生　徐绍田作

思考与练习

1．女青年头像写生。
2．男青年头像写生。
3．中年妇女头像写生。
4．男中年头像写生。
5．老年头像写生。

第六节 人物速写

通过人物速写课的学习，使学生基本掌握人物速写各种工具的性能和使用方法；掌握人物全身比例和结构；全身人物速写的方法步骤；局部造型、结构的表现；衣纹的组织与表现。

一、人物造型的基本比例

在人物速写（慢写）课程中，掌握好人物各部分比例，对画好人物全身速写（慢写）是至关重要的。

本节的重点和所达到的教学目标：了解和熟悉人物各部比例和结构。

（一）全身比例及特征

总的比例特征：立七、坐五、盘三半。
男的站立比例：七到七个半头长。
女的站立比例：七个头长。
坐像为五个半头高。
盘像为三个半头高。
特征：男性肩宽腰细，呈上宽下窄特征；女性则肩窄臀部较宽，呈上窄中宽下窄特征。
男女人体比例及体形特征对比示例如图 1-42 所示。

（二）头部比例

1. 头部的基本形状

人的头部形状可大体概括为目、田、甲、由、申字等形状，速写时以这些基本的形状来确定和把握人物的基本轮廓。

2. 三庭五眼

确定人的头部比例，一般以“三庭五眼”为大体标准。“三庭”即发际线至眉毛的长度为一庭，眉毛至鼻孔的长度为一庭，鼻孔至下巴边沿线为一庭；“五眼”即人的头部宽度为五个眼睛的宽度之和。

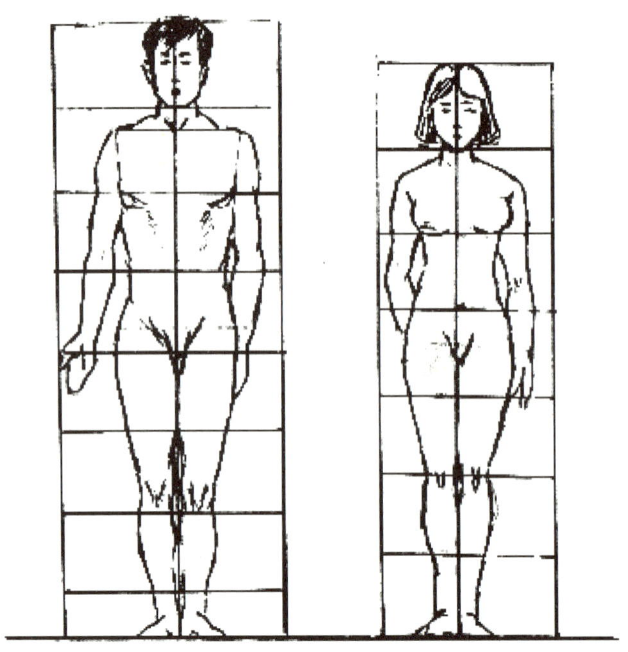

图 1-42 男女人体比例及体形特征对比示意图

（三）上身各部比例

1. 上肢比例

1）上臂比例一又四分之一头长。

2）前臂一个头长。

3）手等于四分之三个头长。

2. 肩宽比例

1）男两个头宽。

2）女一个半头宽。

3. 正中比例

1）下巴至乳头连线一个头长。

2）乳头连线至脐孔一个头长。

（四）下肢比例

1）大腿是从大转子到膝关节，为两个头长。

2）小腿是从膝关节到脚底，为两个头长。

3）脚的长度为一个头长。

二、人物速写的技法

为了学会表现人的各种动态，应该多画人物动态速写。其意义有以下几方面：第一，可以加强对人体特征及运动规律的认识，增强对人体形象的记忆和默写能力；第二，增加写生练习的次数，提高技法的熟练程度；第三，有利于培养从整体特征出发，概括、简练、扼要地刻画人物动态特征的能力；第四，速写工具简便，有利于直接到生活中表现众多的人物形象。

1．人物慢写练习

开始最好先画人物慢写练习。在画之前先认真观察立意，选取使你惊叹或眼睛为之一亮的那一部分，对大量的自然因素要“心不在焉、视而不见”，从对象身上要取得少，取在点子上。并用想象力，从领悟中产生灵感，在你心中迸出一个特定的绘画意象，这就是所谓的立意。开始要从整体入手，定大型、画大体、抓重点。起稿要求简约、准确地把握住动作的特征和比例结构。要像写字一样，落笔成章，大胆挥毫，应以形写神，求肖其神，而不拘泥于对象局部的形似。

在画的过程中，要把握住几个要领：

第一，先确定基本型，把对象设定在构图中的恰当位置上，如图 1-43 所示。

第二，再确定主要动态线的走向。要画好动态，找准动态线，画准人体各部分在动态中的比例关系，首先要把关节的位置变化关系找准，这是画好动态速写的重要一环。另外要注意人物重心的确定，如图 1-44 所示。

第三，找出对象的大体比例和结构。掌握正确的整体观察方法，尽量凭自己的感觉去画，锻炼自己的“视力尺”。

第四，明确主次关系。始终以主要部位为视觉中心画面上的重点刻画部位，据此处理画面上的虚实关系，如图 1-45 所示。

图 1-43　人物慢写步骤一

图 1-44　人物慢写步骤二

图 1-45　人物慢写步骤三

第五，加强对自己确认的重点部位的刻画，使其更生动、丰富、耐看。

慢写练习，是速写基本功训练的第一步。要认真地多做这样的练习，使自己的眼、脑、手的配合逐步协调起来。

人物慢写示范图如图 1-46 ～图 1-49 所示。

2．人物动态速写练习

画人物动态速写比画人物慢写增加了难度，但它仍为我们提供了反复观察和捕捉动态

图 1-46　等候
徐绍田作

图 1-47　沉思
徐绍田作

图 1-48　劳动
徐绍田作

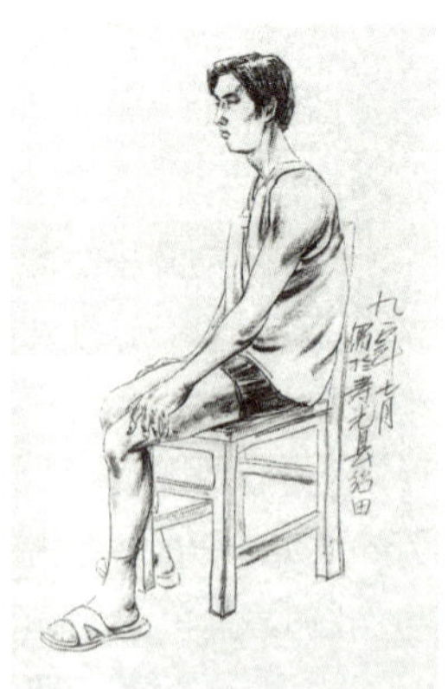
图 1-49　静坐
徐绍田作

图 1-50　青年人　徐绍田作

特征的机会。一种是人物进行规律性的重复运动的动态，如织毛衣、洗衣服、跑步、骑自行车等。要抓住有代表性的动作加以表现。也可以在反复观察动态特征之后，凭记忆进行默写练习；若画不下来，可重新观察和研究其特征直到画好为止。另一种是偶然性大、少有重复的动态，如打球、跳舞等。这些动态形象在生活中往往也会反复出现，如果生活中注意仔细观察，熟悉动态规律，想画好这些动态形象也就比较容易了。因此，要画好不规则动态，除了要掌握解剖知识和运动规律外，随时随地注意观察人物的各种动态特征，丰富生活知识，多方面地体验生活也是非常重要的。

人物动态速写范图如图 1-50 ～图 1-57 所示。

图 1-51　老人　徐绍田作

图 1-52　老人　徐绍田作

图 1-53　小孩　徐绍田作

图 1-54　读书　徐绍田作

图 1-55　作画　徐绍田作

图 1-56　人物与场景速写　徐绍田作

图 1-57　人物与场景速写　徐绍田作

3. 默写

默写和速写是不可分割的整体。要用眼睛在生活中认真观察，找到合适的形象后经过高度的“提纯”，变成洗练的“形象艺术符号”储存在大脑里，在离开原形象后再把这个形象画出来，全凭印象画。我国古代的画家极重视默写功夫。所谓“外师造化、中得心源”便可理解为到生活中观察、体验，将从现实中得到的感受、形象特征及其规律揣摩清楚，变成“形象艺术符号”默记下来，回来后凭记忆画出并使之达到神肖形似。

思考与练习

1. 作人物全身慢写 10 ～ 20 幅。
2. 作人物全身速写 20 ～ 30 幅。

第七节 风景写生

风景写生，可分为室内景写生和室外景写生两类。室内景写生可在厂房内、试验室内、图书馆内、教室内、办公室内等进行。室外景写生的练习题材就更为广阔，从一座建筑物到一条街道，从一棵树到一片森林，从一条船到一个港口，以至于名山大川等等，一切可以见到的景物，都可以选作风景写生练习的内容。

一幅好的风景写生画，从来不是随手可得的，它需要我们去发现、选择并对周围繁琐的对象作出最大的取舍、加工、概括才能成画。为此，就要求作者对生活充满激情，要有健康的审美观，善于在平凡的景色中，最大限度地突出主题与意境并提炼出动人的画面来。

一、风景写生的形式

1. 勾线法

画面的前后空间关系主要以线条的疏密、粗细、轻重、浓淡对比来体现。

2. 色调法

将景物按亮、灰、暗的层次作出大体的划分，先画出一个朦胧的大体关系以形成总体色调，然后比较着从最暗的层次画起，从近处画起，由近到远以形成画面近、中、远的景物层次。

3. 线条和色调并重法

一般是物体的轮廓用线条构成，景物暗部附以色调。这种线条与明暗相结合的表现形式，不仅适合速写的特点，也使画面明暗对比强烈、生动活泼、不拘细节，更容易表现出作者的速写激情，如图 1-58 和图 1-59 所示。

图 1-58　风景速写　徐绍田作

图 1-59　风景速写　徐绍田作

二、风景写生的步骤

1. 取景

画前首先要对所画场景作认真仔细的观察立意。一定要克服只有观察、缺乏感受、坐下就画、见什么画什么的盲目性。在认真观察的基础上，确定出有利于表现所画景物和有利于表现画面透视的理想角度；然后以视平线在画面中的位置，确定画面是平视构图还是仰视构图或是俯视构图。构图形式不同，画面的效果和气氛也不相同，如图 1-60 和图 1-61 所示。

2. 构图

面对繁多的景物，首先要根据主题、画意，在画纸上置陈布势。要使画面中的“势”得到加强，对于具体的细节，必须有所取舍抑扬，不可将所有能看到的东西，一一都罗列出来。二要区分主次关系和远近关系，所取入画面的东西，不可平均对待，要根据所确定的视平线，运用透视的基本规律去探索这些关系。三要注意画面布局的疏密变化。古人讲：“疏可走马，密不透风”，是说明画面疏密对比的差别，如图 1-62 和图 1-63 所示。

图 1-60　树木速写　徐绍田作

图 1-61　场景速写　徐绍田作

图 1-62　场景速写　徐绍田作

图 1-63　场景速写　徐绍田作

3. 刻画

当画面构图和大的局势确定之后，就要深入到画面局部细节的表现。在我们所表现的景物中，一切物象都有它本身的形和质的特点，不同的形和质有不同的表现方法。

树木：

各种树木都有自己的特点，各有长势特点和“性格”，各具姿态，比如柏树树干挺拔、树叶柔软偏少；松树树干弯曲刚劲有力、根部造型怪异、针叶硬而茂密；柳树枝条长而洒脱。我们在表现树木时，首先要注意枝和干本身的粗与细、长与短、多与少的比例关系；其次是枝和叶之间的关系要生动自然，茂盛的枝叶切不可一片叶一片叶地去画，也不能笼统地将树叶画成一片。要研究叶的生长规律、形状特点、疏密层次等变化，尽量用简练有力的手法把树叶的特征表现出来；三是画树林要注意疏密关系和远近层次；四是还须对树木表皮质地的粗细、斑纹的变化、颜色的深浅等方面进行认真的观察和表现。

山峦：

表现山峦时，要抓住山势的大的起伏和外形轮廓的特点，重点表现山的厚实、稳重，将山的外形与山脉的起伏特点结合起来。做到：“近看取其质，远看取其势”。画群山要有主次、远近之分。“远山无树，远水无波”，说明远处的山水更要强调整体。

建筑物：

地面上的各种建筑物，都各有其严密的结构和独特的外观形式。要画好一座建筑物首先是要理解它的结构和形式的特点，如建筑物长、宽、高的比例关系，房顶、墙壁、门窗的特点，如图 1-64 和图 1-65 所示。

图 1-64　建筑物速写　徐绍田作

图 1-65　场景速写　徐绍田作

建筑物的门窗在建筑风景写生中占很重要的地位。一座建筑物的“精神”往往通过门窗表现出来。如果将整齐的门窗画得大小不一、参差不齐，就给观者一种不舒服的感觉。为此，要求任何部分的表现都应符合透视原理，否则就会影响建筑物的真实感和画面的空间感。

建筑物本身由各种材质构成，如砖、瓦、水泥、木、石、金属等，要注意各种材料质感的表达。要强调建筑物的整体感和稳重结实的感觉。

场景中的人物速写：

我们表现一幅风景画面时，为了丰富和衬托画面气氛，往往需要刻画组合人物，并通过人物把建筑物等形体的气势表现出来。我们刻画风景速写中的人物时，应注意的几个问题如下：

1）选择典型的人物组合关系（包括人物与环境的关系），注重大的构图关系。

2）将人物布置得合理，远近得当，同时注意透视关系。

3）注意人物间的疏密关系。

4）注重人物间的动态、体形、衣着等方面的对比关系，如图 1-66 ～图 1-69 所示。

图 1-66　人物与场景速写　徐绍田作

图 1-67　风景速写　徐绍田作

图 1-68　风景速写　徐绍田作

图 1-69　场景速写　徐绍田作

思考与练习

1. 室内场景及道具速写 5 幅。

2. 室外风景速写 10 ～ 15 幅。

第二章

色彩与绘画艺术

❖ 本章知识点

1．掌握色彩知识和绘画色彩语言，提高审美意识；
2．通过水粉画、水彩画写生练习，基本掌握色彩的感觉能力和表现技巧。

色彩是绘画的重要因素之一，色彩的运用是有规律可循的，这在色彩学中已认定。但纯客观的色彩规律，并不能代替绘画艺术的色彩语言。画者只有在掌握色彩规律的基础上，根据主题和内容表达的需要，能动地运用这些规律，并结合画者的思想情感、审美意识，才能产生不可估量的作用。例如，写生就是在绘画实践中不断探索，研究色彩与造型的关系。一幅画的色彩关系好不好，直接影响绘画艺术的表现力和感染力。

瑞士色彩学家伊顿在《色彩艺术》的序言中指出："如果你能不知不觉地创作出杰作来，那么你就不需要色彩知识。但是，如果你不能从没有色彩知识的状态中创作出色彩的杰作来，那么，你应当去寻求色彩知识。"色彩知识是五光十色的、神奇奥妙的、乐趣无穷的，是学习彩画的入门之路。

第一节 色彩基础知识

我们生活着的自然界，是一个五彩斑斓、多姿多彩的世界，所有事物都有其各自的色彩。在这之中，大致可分为两大类：一类是有彩色，如红、黄、蓝等；另一类是无彩色，如黑、白、灰。尽管世界上的色彩千千万万、各不相同，但任何一种色彩都有色相、明度和纯度3个方面的性质。所以我们把色相、明度、纯度称为色彩的三要素。

一、色彩的三要素

（一）色相

色相指色彩相貌，是色与色之间相貌上的差别，如大红、普蓝、中黄、草绿、朱红等，每个名称代表一种色彩的相貌。自然界中凡是有色彩的都具有各自不同的色相。

（二）明度

明度指色彩的明暗程度。无彩色和有彩色都有明度。在无彩色中，白色明度最高，黑色明度最低；有彩色中，黄色明度最高，蓝紫色明度最低。总之，亮的颜色明度高，暗的颜色明度低。

（三）纯度

纯度指色彩的纯净程度或饱和度，也叫彩度。亦是色相中最强的颜色。以红、黄、蓝三原色纯度最高，但任何一个色彩加白、加黑、加灰都会降低它的纯度，与补色相混合其纯度也会降低。

二、色彩的分类与特性

（一）三原色

红、黄、蓝是三原色，如图 2-1 所示。色彩鲜明，纯度极高，是任何颜色都无法调配出来的。

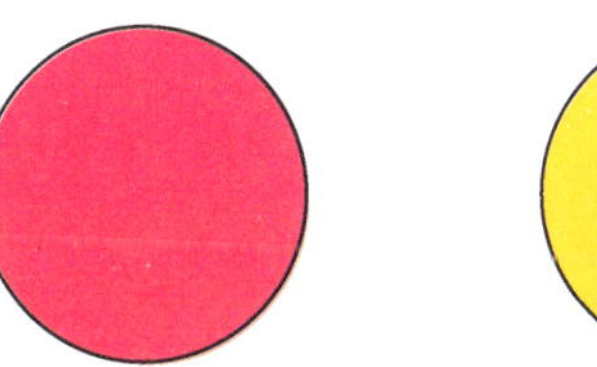

图 2-1　三原色

（二）间色

间色是指由三原色中任意两色混合产生的颜色。如橙、紫、绿，纯度较高，色感温和，如图 2-2 所示。

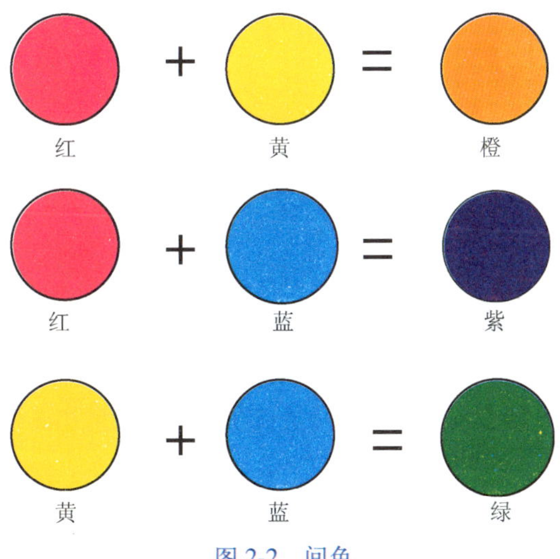

图 2-2　间色

（三）复色

凡是有 3 种颜色或两种间色的不同混合，而形成不同色彩的颜色，都是复色。复色纯度较低，色感偏灰，如图 2-3 所示。

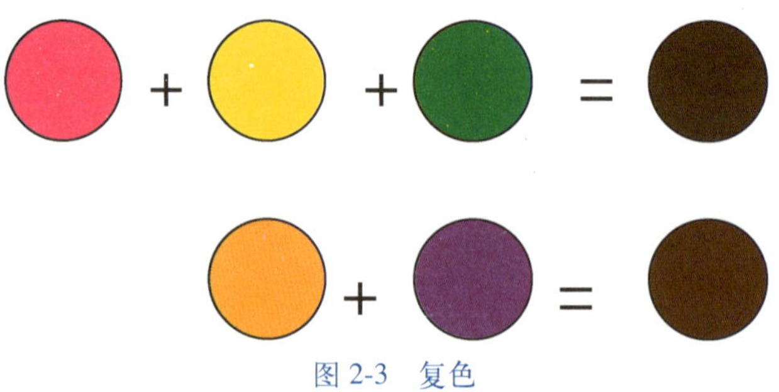

图 2-3 复色

（四）类似色

在色相环上相临近的颜色称为类似色，如粉绿、中绿、湖蓝，橘黄、橘红、大红。

（五）补色

补色也叫对比色。在色相环上任何直径两端对比的颜色称为对比色。如红和绿、黄和紫、蓝和橙。色感饱和强烈，如图 2-4 所示。

图 2-4 补色

（六）中性色

白、黑色及白和黑相混合的任何深浅不同的灰色，称为中性色，也称为无彩色系。中性色能与任何色彩起到和谐缓解的作用，如图 2-5 所示。

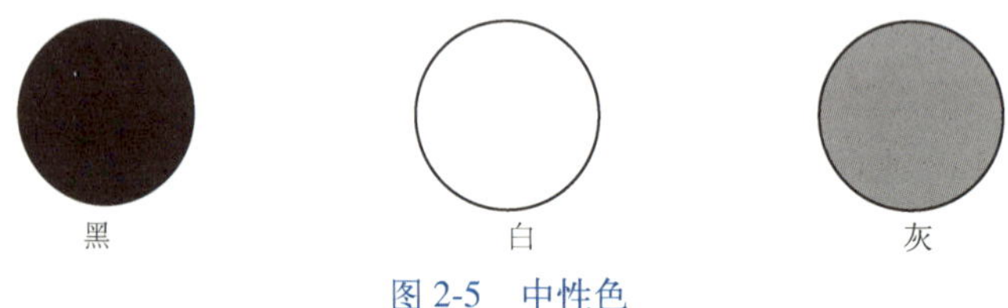

图 2-5 中性色

三、色彩的知觉与感情

色彩对人的头脑和精神都产生不同的影响。人们通过视觉对色彩的明度、色相、彩度、冷暖变化以及色彩间的对比、调和等千变万化的感知，获得美感，从而造成人们心理上的不同反映。色彩在人们心理上的反映，着重表现在知觉、感情和思维方面。

（一）色彩的对比

色相对比：如红和绿、黄和紫、蓝和橙，称为补色对比。两色并置双方各增加了对方色彩的补色成分，增加了色彩的对比程度，如图 2-6 所示。

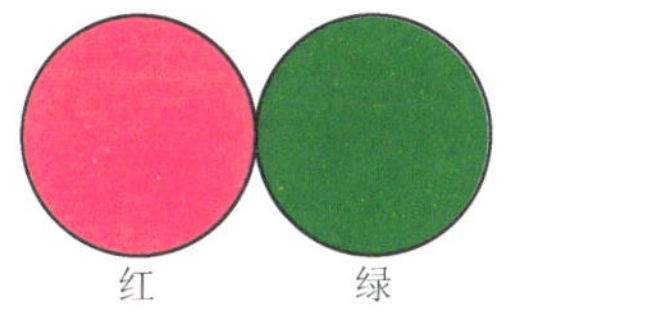

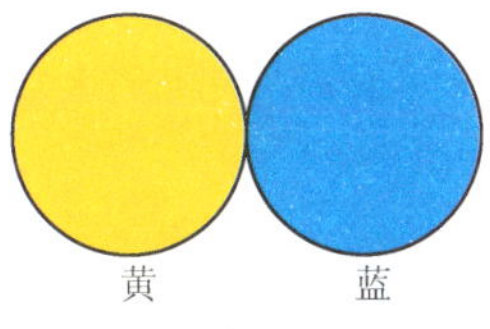

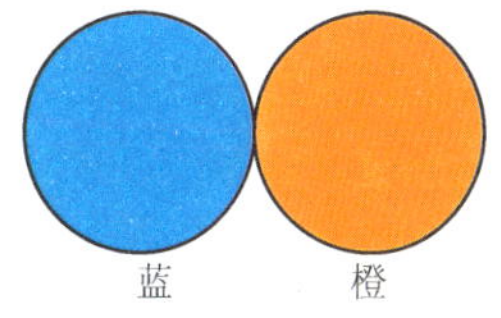

图 2-6　色相对比

明度对比：指色彩的明暗对比，明暗对比在处理画面的色彩层次关系中起到很重要的作用。如红、绿是对比色，但明度相同和明度有差异所产生的效果是不同的，如图 2-7 所示。

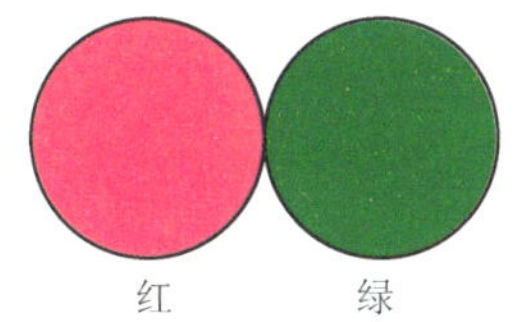

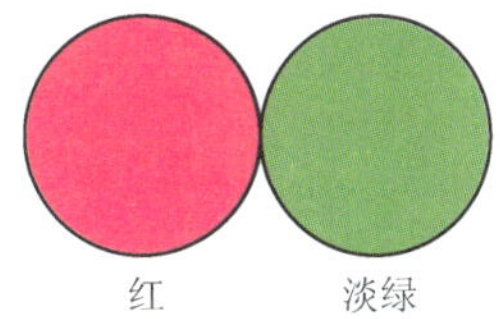

图 2-7　明度对比

纯度对比：运用纯度对比作用，解决画面的宾主关系，如图 2-8 所示。

冷暖对比：色彩的冷暖是色相的物理现象在人们心理中的反映。如红暖绿冷，色彩的冷暖又是相对的，朱红又比深红暖。在色谱中，分暖色类：黄、红；冷色类：绿、蓝、紫，如图 2-9 所示。

图 2-8　纯度对比

图 2-9　冷暖对比

（二）色彩的感情与性格

色彩通过感官刺激，对人产生某种心理作用，使视觉色彩引起人们对冷、暖、轻、重、兴奋与沉静等感觉的心理联想、想象。

暖色：人们见到红、橙、黄等类似色时往往会联想到太阳、火焰等物象，产生一种温暖、热烈的感觉。

冷色：见到蓝、紫、绿等色后，则容易联想到太空、冰雪、海洋等物象，会产生寒冷、平静的感觉。

色彩的冷暖感觉是相对的，如绿色对于黄色来说是冷色，而对于蓝色却是暖色。每一类同类色中，都有冷暖之分，如黄色，一般认为是暖色，因为它使人联想起阳光、光明等。但在黄色系中，柠檬黄显然偏冷，中黄偏暖，橘黄则更暖。

色彩性格

红色：易使人联想起太阳、火焰、热血、花卉等，让人们感觉温暖、兴奋、热情、向上的倾向。红色历来是我国传统的喜庆色彩。深红色给人感觉是庄严、稳重而又热情。粉红色，则有柔美、甜蜜、梦幻的感觉。

橙色：它使人联想起火焰、水果等物象，是最温暖、响亮的色彩。

黄色：是所有色相中明度最亮的色彩，可联想到月亮、柠檬、迎春花等，具有富丽、权威、透明、活泼、光明之感觉。

绿色：在大自然中，绿色的草地、树木、禾苗到处可见，它象征着生命、成长、青春、和平、新鲜等，绿色最适宜人眼的注视，有消除疲劳、调节视力等功能。

蓝色：是典型的冷色，表示沉静、冷淡、理智等含义。

紫色：具有神秘、高贵、优美的气质感觉，有时也感孤寂、消极。

黑色：是无色相无纯度之色。往往给人感觉神秘、严肃、庄重，另外，也易让人产生悲哀、恐怖、不祥等消极印象。

白色：给人洁净、纯真、朴素等印象。在它的衬托下，其他色彩会显得更鲜明更明朗。但多用了白色，会产生平淡无味的单调、空虚之感。

灰色：是无色彩系的中性色，其突出的性格为柔和、细致、平稳，它不像黑色和白色那样会明显影响其他的色彩。任何色彩都可以和灰色相混合，略有色相感的灰色能给人以高雅、含蓄、稳重的感觉。

色彩的性格还与心理、年龄、性别、个性、民族、习惯等因素不同而有不同的感情。

第二节 水 粉 画

一、水粉画概述

水粉画是介于水彩画和油画之间用水调和粉质颜料画在纸上的一种绘画形式。它既可以作为色彩基础性的练习，也可以进行写生和绘画创作，并做设计效果图或招贴画等。水粉画的主要特征是用不透明颜料和水调和作画，既可薄画又可厚画，还能用干湿结合的技法来塑造各种形象，表现色彩空间，营造艺术氛围。

二、水粉画工具和材料选择

（一）水粉画颜料

最好使用正规厂家生产的锡管或瓶装的专业水粉颜料，膏体细腻、色彩较饱和。

（二）笔

水粉笔一般以吸水、软硬弹性适中为宜。目前，水粉笔约有 3 种：羊毫、狼毫、尼龙笔，如图 2-10 所示。羊毫的特点是含水量较大、蘸色较多，优点是一笔涂出的面积较大，缺点是由于含水量太大，画出的笔触容易浑浊，不太适合于细节刻画。狼毫的特点是含水量较少、弹性好，适合于局部细节的刻画。尼龙笔要特别注意它的质地，要软且具有弹性，切忌笔锋过硬。水粉笔不同型号、不同种类的都可以选择几支，交替使用。

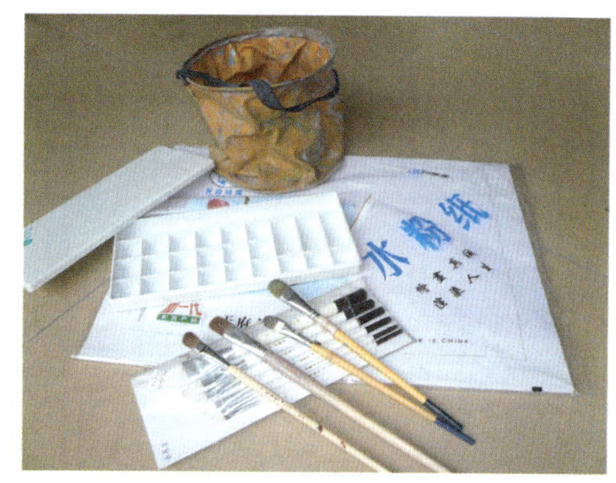

图 2-10 笔

（三）纸张

应选用质地坚实、吸水性适中、表面有纹理、不光滑的纸为好。其他工具如调色盒、洗笔桶、画箱也需备好。

三、水粉画的作画要求

水粉画颜料有较强的覆盖能力，但是不能毫无顾忌地随便乱涂，它有自己的一定着色方法和步骤。从着色顺序方面讲有如下几种：

（一）从整体到局部

整体着眼和从大体入手是我们的作画原则。大色块和大片色，对于画面色调起决定性作用，应当先画准组合成画面的主要色块的色彩关系，然后再进行局部的塑造和细节刻画。

（二）从深重色到明亮色

明亮色多是厚涂，先画深重色，容易被明亮色覆盖，一般是先画面积较大的深重色，如暗部投影等，予以确定画面色彩的骨架，逐步向中间色和明亮色推移。以明亮色为主的画面，还是要先画明亮的大色块，颜色稍薄一点，局部小面积的深重色后加上去。方法不是固定的，要根据情况灵活掌握。

（三）从薄涂到厚画

薄涂即用水调稀颜料，根据总的色彩感觉，迅速地薄涂一遍，造成画面整体的色彩环境，然后逐渐加厚，深入表现。薄涂比较正确的地方要善于保留，使画面色彩有厚有薄，以增加色彩有层次和厚重得效果。厚画要厚得适当，过厚容易裂纹脱落。厚薄结合，使画面效果达到丰富多彩。

四、水粉画的基本作画步骤

（一）起形构图

应注意必须合理安排构图，要饱满，突出主体物，以体现画面色彩关系及虚实关系为准绳。同时，要抓好造型、大的比例关系，透视一定要准确。必要时可以先用铅笔起形，这为以后几个环节打下良好基础，如图 2-11 所示。

（二）铺大关系

首先确定色调，从深色地方画起，注意色彩关系，从后边背景向前铺，颜色要亮要鲜明，用大笔触将颜色调饱和状态铺出来，同时注意对象的基本形象特点，如图 2-12 所示。

图 2-11 水粉画作画步骤一

图 2-12 水粉画作画步骤二

（三）深入刻画

从局部开始塑造，先塑造台面上的景物，从最重的物象开始，再画后面的东西及背景；先画物体暗部颜色，再画亮部颜色，最后再画中间色进行塑造，还要注意画面的视觉中心，有主次地进行刻画，如图 2-13 所示。

（四）调整完成

对于一幅画整体效果的把握，这一步显得尤为重要，所以在结束前必须对画面进行全面调整。由于前阶段的细致刻画和局部塑造难免会出现一些不好的现象，如碎、乱、灰、脏、粉等，必须要经过整体调整来获得准确、生动、主次、空间、虚实、明暗、冷暖等关系，使画面效果明快、完整和统一，如图 2-14 所示。

图 2-13　水粉画作画步骤三

图 2-14　水粉画作画步骤四

五、水粉画作品欣赏

请欣赏水粉画作品，如图 2-15 ～图 2-19 所示。

图 2-15　水粉画作品　石建勋作

图 2-16　水粉画作品　聂进进作

图 2-17　水粉画作品　石李一帆作

图 2-18 水粉画作品 张超作

图 2-19 水粉画作品 石建勋作

第三节 水彩画

一、水彩画概念及特点

水彩画是一种轻便、使用范围较广、艺术性很强的画种，同时又是研究色彩较为理想的画种之一。因此，常被列为美术专业的色彩基础课。这样不仅使学生获得色彩知识，而且训练学生塑造形体的能力和审美的能力。水彩画的特点明显，用水作为媒介来调色，通过水和色的相互作用，使画面更具有透明、轻快、滋润、流畅等特点，能获得特殊韵味的效果。人们常把水彩画比作轻音乐或抒情诗很有道理。

二、水彩画工具与材料准备

（一）水彩画颜料

水彩色是从动物、植物、矿物等各种物质中提炼制成的，也有化学合成的。颜料中含有胶质和甘油，能附着画面且具有滋润感。现在的水彩画颜料多是锡管装，使用很方便。常用的水彩颜料有以下这些颜色：

柠檬黄	中黄	朱红	深红	玫瑰红	青莲	群青	普蓝	黑
土黄	橘	土红	赭石	熟褐	茶褐	草绿	翠绿	深绿

初学者最好按颜色的顺序排列，避免混乱，养成按色系排列的习惯，有助于色调的掌握。

（二）水彩画笔

一般的水彩画笔用狼毫或兔毫制成，高级的水彩画笔用貂毫，因其经久耐用。对于笔头要求含水量大，笔锋集中顶尖，不开叉，并有弹性。笔头外形普通呈圆形最好用。中国画中的大白云或狼毫、兰竹笔代替亦可。画幅较大时可增加一支扁平的羊毫排笔，大小可适当选择，如图 2-20 所示。

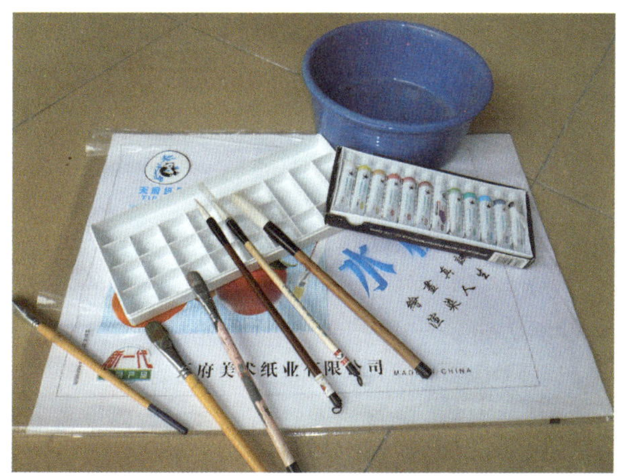

图 2-20　水粉画笔

（三）水彩画纸

水彩画有特制的专用纸，有粗纹、细纹之分。较好的纸洁白、坚实、纯净不光滑，有适度吸水性，并有一定厚度。所以水彩画纸要求比素描纸和水粉纸高，画者可适当选用。纸纹的粗细选用，要根据画者的习惯而定。有些表现技法是靠纸的纹理而产生特殊效果的。

其他材料，如调色盒、调色盘、涮笔桶、画板，也要准备。

三、水彩画的基本技法

水彩画的绘画技法是多种多样的，画者可根据物象的特征，采用适当的技法来表现。最常用的表现技法有以下两种：

1）干画法：是指在干底子上着色，常用分层着色方法，故亦称分层着色法。其特点是步骤稳当，便于控制水分。

2）湿画法：是在湿底子上着色的方法，趁纸面水色未干进行连续着色，故又叫连续着色法。其特点是水彩自然渗化，有水色淋漓的特殊效果。

水彩画技法虽有干湿两种画法，但在实际绘画过程中，往往是两种结合使用，只是有些画面偏重于湿画，有的画面偏重于干画法。单纯使用一种技法的画面非常罕见。

干湿画法结合使用的一般方法和规律，归纳起来大致上是：先湿后干、远湿近干、宾湿主干、软湿硬干、虚湿实干。

四、水彩画绘画步骤与方法

彩画绘画全过程分为构图、铺大色调、深入刻画、调整充实 4 个阶段。这些阶段是连续的、一气呵成的，不能机械地分开，每个阶段有明确具体的要求。

（一）构图打轮廓

构图也叫“章法”，画面的一些因素是通过构图来体现的，物象的位置、形象、宾主关系、色彩调子、对比关系、虚实关系等都要做全面考虑，然后用直线打轮廓。水彩画的轮廓要求相对水粉画严格，因其透明性强，不易覆盖，所以水彩画的轮廓绝不能马虎，如图 2-21 所示。

（二）铺大色调

先大体设色，着第一遍色时着重基本色调和大色块的处理，找出大色调与黑、白、灰，冷暖关系和虚实关系，不要拘泥于细节的描绘。一般从大面积的中间调子或暗部开始，然后在正确、严格的色彩关系基础上为下一步形体塑造创造良好的条件，这就是“先色后形”的方法。铺大色调的特点：掌握基本调子，采取湿画法较多，用笔宜大不宜小，力求概括。如果定色定得不准确，应趁湿调整，以免产生斑斑痕迹。大体设色是至关重要的一步，若这一步画得基本准确，以后加工便较顺利了，如图 2-22 所示。

图 2-21　水彩画绘画步骤一

图 2-22　水彩画绘画步骤二

（三）深入刻画

有人说：“在开始铺色时要敢‘破’，深入造型时要善‘塑’”，即敢于破除次要边浅的束缚，只要紧紧抓住关键部位，深入时又能根据形体结构的变化精确地塑造，使形、色自然地结合起来。进一步深入刻画着重于形体结构的塑造，一般从主体物入手，但必须照顾大局，不要因画局部忽视了整体。深入描绘着色可干、湿法并用，使画面保持湿润的感觉，但主要形体的刻画还是用干画法比较好，虚的部分仍保持原来的生动性。用笔也十分讲究，在理解形体块面结构的基础上，要注意画面的精神气，使笔触有助于增强表现力，如图 2-23 所示。

（四）调整充实

此时画面已基本完成，检查一下整体效果，可能会发现一些问题，如空间感、虚实关系、色彩用笔是否得当、画面整体效果是否协调等。该加强的加强，该减弱的减弱。总之，要适当提炼取舍，达到“画龙点睛”的作用。可见最后调整处理的重要性，如图 2-24 所示。

图 2-23 水彩画绘画步骤三

图 2-24 水彩画绘画步骤四

五、水彩画作品欣赏

请欣赏水彩画作品，如图 2-25 ～图 2-27 所示。

图 2-25 水彩画作品 周海波作

图 2-26 水彩画作品 周海波作

图 2-27 水彩画作品 周海波作

第四节 装饰彩墨画

装饰彩墨画，是装饰绘画的一种表现形式，它充满梦幻般的情调和理想化的意境，形象柔美幽雅，线条流畅而飘逸，造型奇特而夸张，色彩绚丽而丰富，肌理变化多端。彩墨画是在高丽纸上用色和墨，将中国特色的线条和西方绘画的色彩有机地结合在一起，以装饰性手法形成的独具特色的画法。

一、彩墨画概念及特点

彩墨画又称重彩画，它是以高丽纸作画，用毛笔或水粉、水彩画笔，着重彩或着墨，色彩效果为主，墨色效果为辅，使彩和墨相得益彰，故名彩墨画。

彩墨画主要有两种功能，一是作为纯艺术，供探索和展览用；二是作为装饰画，供厅堂悬挂装饰用。作为纯艺术的彩墨画，着重于新奇的创意和学术化探索。作为装饰用的彩墨画，必须考虑公众的欣赏能力和接受能力，无论在线条、造型、色彩还是在形象方面，都应具有赏心悦目的效果，做到雅俗共赏。

彩墨画追求梦幻般的情调和理想化的意境，像抒情诗、像轻音乐，色彩绚丽斑驳、线条流畅灵动、造型夸张新奇、形象清丽美好，给人以轻松愉快、脱俗、升华的美感。

彩墨画充分发挥了高丽纸易渗透的特点，在画纸正反面互画互衬，形成其他画种。仅从正面作画难以达到的丰富效果，正反两面作画却造成酣畅淋漓的类似水彩画或水墨画那种洇渗效果。因高丽纸特有的韧性，可运用团皱、抓皱、折皱、拧皱等方法制作出优美的肌理，使画面达到丰富多彩又多变的装饰性效果。

二、彩墨画的工具材料

彩墨画的工具材料主要有高丽纸、颜料、墨汁、笔等，如图 2-28 所示。

图 2-28 彩墨画的工具材料

（一）高丽纸

纸质较厚，韧性强，渗透性强，有隐线纹理。高丽纸可着较厚颜色，反面衬色或衬墨易渗透过来，具有生宣纸易渗化的特点，韧性很强，能经得住反复多遍着色着墨，揉搓褶皱等肌理的处理。

（二）颜料

一般用管装或瓶装的水粉画颜料，也可用国画颜料或水彩颜料，还可以用丙烯颜料。

（三）墨汁

墨汁渗透性强，主要用于反面补墨色用，墨汁可调成不同浓度使用。一般使用一得阁或书画墨汁。墨汁一般用来勾线或调和颜色用。

（四）笔

水粉笔、排刷、毛笔、钢笔、记号笔等都可以运用。排刷可以用来刷墨色或大面积色，水粉笔用来画颜色，毛笔、钢笔、记号笔用来勾各种粗细不一的线条。

（五）其他

调色板、调色盘、绘画纸、画毡、废旧报纸、涮笔桶、画板、画架等。

三、彩墨画的作画步骤与方法

1）构图起稿：先在绘画纸上画出清楚的铅笔稿，再用高丽纸拷贝出正稿，如图 2-29 所示。

2）勾墨线：用毛笔蘸墨汁勾线，也可用记号笔、碳素笔勾线。线条要求做到流畅、均匀，线在画中要粗细得当，太粗显得笨重，不灵巧，太细上色时易遮住，如图 2-30 所示。

图 2-29　彩墨画作画步骤一

图 2-30　彩墨画作画步骤二

3）着色：衬墨着色时可先画重点部位，如头部和手部，用笔一般用水粉笔；细小部位可用小毛笔。正面着色一般用笔较干，留有飞白空隙利用反面衬色或衬墨时渗透过来，着色时需考虑反面渗透过来后的混合效果。同时注意从墨线两边着色，以免覆盖。

彩墨画反面衬色或衬墨，是与其他画种不同的一大特色，使得画面色彩丰富、神秘、奇幻、意外，具有独特的美感，如图 2-31 所示。

反面衬色要掌握颜色的特性。透明色渗透性强，如柠檬黄、玫瑰红、普蓝等；不透明颜色渗透性差，如土黄、粉绿、白等。掌握颜色特性，以便于取得满意的效果。反面衬墨可用排刷均匀地刷，根据需要调用墨色的浓淡。

衬墨和着色也可调换顺序，可以先在反面刷墨再在正面着色，两者取得的画面效果是不一样的。先画后衬，效果润泽，意外效果多、松动；先衬后画，严谨而实在，可预知效果多，如图 2-32 所示。

图 2-31 彩墨画作画步骤三

图 2-32 彩墨画作画步骤四

4）肌理制作：画面的肌理制作，一般面积不宜过大，约三分之一面积，多则繁乱。可用团皱、抓皱、拧皱、折皱、点蘸、喷洒、渗透等手法制作肌理。肌理的美感也是彩墨画的特点之一。

团皱——将高丽纸揉成团，然后展开抚平，用笔蘸色后在纸上平拖，凡纸上高凸处留下颜色，凹处无色。

抓皱——将纸用手捏住一点抓起，握实，然后展开抚平后拖笔着色，完成后呈放射状团花纹，适合表现蜡染布纹或抽象纹样等。

折皱——将纸像折小扇子一样反复折叠后压实，然后展开用笔蘸色、拖笔，折皱可制作出排线纹，适合表现动感线。

拧皱——将纸稍喷湿，先折皱后再像拧衣服一样拧，然后展开着色，其纹理细小均匀。

点蘸——用丝瓜瓤、麻袋布、塑料网等蘸颜色，可制作出大小不同的斑点效果。

喷洒——用水枪或毛笔，喷洒出雾点使画面效果朦胧、虚幻，如雪景画面的描绘。

5）扯平调整：在正面着色、反面衬色墨和肌理制作基本完成后，可将纸扯平进行画面调整，特别是局部细节的处理。

四、彩墨画作品欣赏

请欣赏彩墨画作品，如图 2-33 ～图 2-36 所示。

图 2-33　王会美作

图 2-34　秦秋萍作

图 2-35　王会美作

图 2-36　秦秋萍作

第五节　油画棒画

油画棒也称之为蜡笔，是一种固体颜料，它以色彩鲜艳、饱和、质地细腻、表现手法多样深受广大儿童喜爱，是当今幼儿园小朋友和小学生们非常青睐的绘画工具之一。同时，在基础教学中，也是教师们绘制教学挂图最有力的助手。

一、油画棒画材料和工具准备

油画棒画所需的工具材料简单，只要购买正牌的油画棒（如真彩牌、马利牌等质量上乘）一盒，最好是色彩种类齐全（如 18 色、24 色、36 色均可），再准备一支黑色记号笔、一张素描纸就可以绘画了。

二、油画棒画表现技法

（一）勾线法

用不同颜色的油画棒，勾画出物象的轮廓、特征，如图 2-37 所示。

（二）平涂法

平涂有轻重之分，轻则为薄涂法，重则为厚涂法。先用油画棒轻轻勾画出物象轮廓、结构，再用其他色油画棒横向、纵向或斜向涂画出轮廓内部颜色。要注意用色的均匀、规范，不可乱涂或涂出轮廓外，如图 2-38 所示。

图 2-37　学生作品

图 2-38　学生作品

（三）明暗过渡法

根据物象的需要，可采取明暗过渡画法，先画出物象的暗部，再用稍亮的颜色向外过渡，反之亦可。这样使画面色彩更丰富、生动，形象又美观。在过渡时，应保持画面的色彩均匀、干净，如图 2-39 所示。

（四）刮色法

此法适合平涂画法中厚涂法后的绘画。当画一片树叶采用厚涂法后，为了突出叶脉，用工具划出叶脉的形象，如图 2-40 所示。

（五）勾线平涂法

先用黑色或深色笔勾画出物象的结构、轮廓，然后根据各物象的色彩，在勾画好的轮廓内平涂颜色。此方法的运用，会使画面形象更突出、更完整，如图 2-41 所示。

图 2-39　学生作品

图 2-40　学生作品

图 2-41　学生作品

以上几种是我们常用到的几种技法，它们之间都可以相互交叉运用。学习者只要在今后的学习中积极探索，还会创作出许多技法来。

三、油画棒画的绘画步骤与方法

油画棒画的绘画步骤与方法如图 2-42 ～图 2-45 所示。

图 2-42　先用铅笔画出物象的轮廓形象

图 2-43　再用记号笔勾画出物象的具体轮廓、形象

图 2-44　用油画棒画出主体物的色彩

图 2-45　把其他部位的色调统一完成，调整画面

四、油画棒画作品欣赏

请欣赏油画棒画作品，如图 2-46 和图 2-47 所示。

图 2-46 秦秋萍作

图 2-47 秦秋萍作

思考与练习

1. 作水粉静物色彩写生练习两幅。
2. 作水彩静物、风景色彩写生练习两幅。
3. 作装饰色彩画创作四幅。

第三章

简 笔 画

本章知识点

1．了解和掌握简笔画的艺术特点及应用；

2．通过学习，掌握简笔画各种题材的表现方法与技巧。

简笔画是用简洁洗练的笔法，简略概括地勾画出物象的基本形状和主要特征，简明扼要地表情达意的绘画形式，即运用最简练的线条和平面形快速概括地画出物象的基本形状和主要特征。

（1）简笔画的特点

简笔画不同于其他画种，有自己独特的特点，这是由它所使用的工具所决定的。简笔画所使用的工具是我们常用的铅笔、钢笔等，这些工具决定了简笔画表现的形式，适于用线条和简单的几何块面去表现。这就是简笔画的特点，使用简单的线条和图形概括、夸张表现对象，使对象更为生动、简练、富于幽默感，更好地训练和发挥我们的想象力，提高对美好事物的感受力。简笔画具有用笔简练、形象简括、快捷作画、应用简便等突出特点；它一挥而就，一目了然，易识易懂，好学好记。

（2）简笔画的应用

1）简笔画是开发儿童智力的一名不说话的老师。因为它使儿童有意或无意地经过分析、概括、推理、记忆、想象等思维过程得到训练，在眼、脑、手的密切配合、协调并用的同时，锻炼和提高了孩子的观察力、思维力和表现能力。

2）简笔画是教师教学的直观化手段之一。在教师的课堂演示中，简笔画可以尽快地、形象地传达出教学内容，是教师教学基本功之一。

（3）简笔画训练内容

1）基本图形的造型简化：强调手、眼、脑的统一，从临写、改写、写生、默写逐步达到自己设计的能力。

2）学习与生活应用：记录学习与生活内容，形象地传情达意。

3）教学工作应用：强调与学前教学内容有机结合，研究简笔画在学前各科教学中的使用规律和特点，以适应未来教学工作。

第一节 简笔动物画

一个完美的动物造型，应该是来源于自然界的动物，而这些动物又是按其自身生长规律而存在，这些动物的自身存在美的因素，但它不能代替艺术形象，而要进行艺术创造“变”出简笔形象。

一、用基本形表现动物

用基本形表现动物就是把动物的主要部位简化、概括成近似的平面几何基本形。比如：用圆形表现七星瓢虫，用椭圆形表现猫头鹰，用半圆形表现鸟，用三角形表现母鸡，用扇形表现孔雀。用基本形表现动物，首先要认识绘画各种基本形，然后灵活运用各种基本形去描绘各种动物形象，如图 3-1 所示。

图 3-1　鸟、孔雀和小狗

二、用组合形表现动物

大自然和生活中的动物千姿百态，各不相同。可以先把动物的头部、躯干、四肢，或者翅膀、尾巴等部分分解、概括成不同的基本形，然后再组合成一个整体。比如：画一只小白兔，可以把它的头部画成圆形，躯干和耳朵画成半圆形，再画成眼鼻和嘴、腿等，最后组合成完整的小白兔形象，如图 3-2 所示。

图 3-2　小白兔

画不同的动物形象时，有的要从整体去画，有的则要把整体分解成几个部分去画。一般是先画整体后画局部，先画大后画小，先画外后画内，先画上再画下。为了让动物的形象和动态更完美，画动物的头部时，可以画成正面或者侧面，但是躯干、四肢等部位，要从侧面去描绘，如图 3-3 所示。

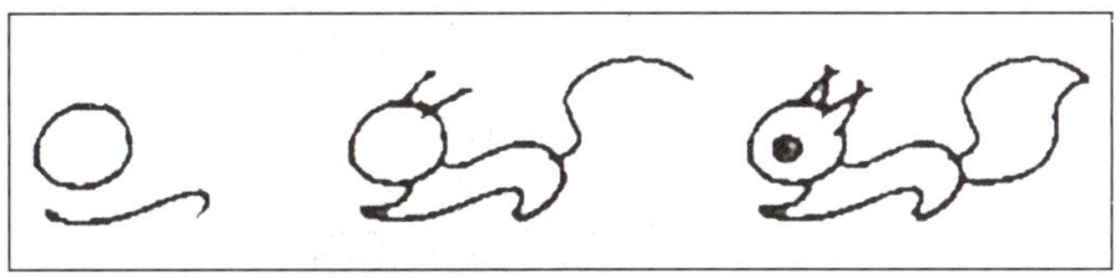

图 3-3 小松鼠

1. 公鸡、母鸡和小鸡的画法

公鸡的形象特点：公鸡的头是圆形，躯干是椭圆形，冠子大、尾巴是半圆形，侧面观察形体呈三角形。

母鸡和小鸡形象特点：母鸡和小鸡的头是圆形，躯干是椭圆形，嘴是三角形。小鸡头大，母鸡形体特征是尾短、冠子小，如图 3-4 所示。

图 3-4 公鸡、母鸡和小鸡

绘画步骤如图 3-5 所示。

图 3-5 鸡的绘画步骤

2. 鸭与鹅

鸭与鹅的特点及装饰化造型：

鸭与鹅的头和躯干都是椭圆形，颈长而弯曲，动态呈之字形，如图 3-6 所示。

图 3-6 鸭与鹅

鸭与鹅脚上有蹼，游水灵活，走路缓慢，如图 3-7 所示。

图 3-7 鸭与鹅

绘画步骤如图 3-8 所示。

图 3-8 鸭与鹅 温红雨作

3. 兔、猫、狗的画法

兔、猫、狗如图 3-9 所示。

图 3-9 兔、猫、狗

1）兔子的画法及装饰化造型。

兔子的头与躯干都是椭圆形的，跑跳时躯干拉长，兔子耳长尾短，性情温顺可爱，如图 3-10 所示。

图 3-10　兔子　温红雨作

2）猫的画法及装饰化造型。

猫头形较圆，耳朵是三角形，尾巴较长，如图 3-11 所示。

图 3-11　猫　温红雨作

3）狗的画法及装饰化造型。

狗的嘴巴与耳朵都较长，眼睛在头部两侧略前，尾巴卷起，如图 3-12 ～图 3-14 所示。

图 3-12　小狗的绘画步骤　温红雨作

图 3-13 小狗的走动变化 温红雨作

图 3-14 各种形态的小狗 温红雨作

4．猴、鹿的画法（参考图 3-15）

图 3-15 猴、鹿

1）猴的画法及装饰化造型。

猴的脸部呈桃形，上圆下尖，躯干瘦小，耳朵小，尾巴长，动作灵活，动态与结构与人相似，如图 3-16 和图 3-17 所示。

图 3-16 小猴的绘画步骤

图 3-17　不同形态的小猴　温红雨作

2）鹿的画法及装饰化造型。

小鹿的头部上圆、下部尖，两耳向斜上方竖起，尾巴短小，两腿细长，动态优美，如图 3-18 和图 3-19 所示。

图 3-18　小鹿的绘画步骤

图 3-19　鹿头的变化

5. 老鼠与松鼠的画法（参考图 3-20）

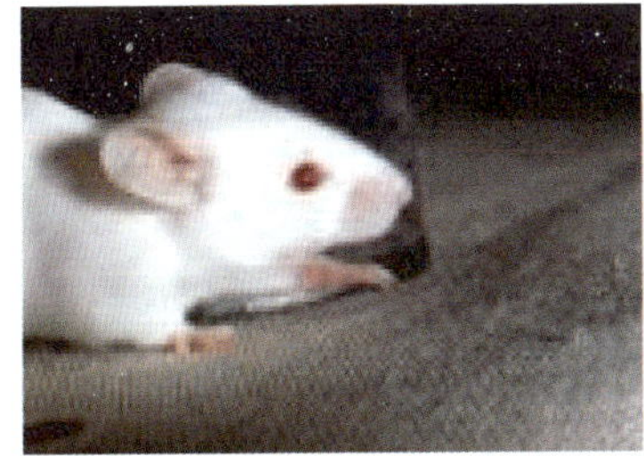

图 3-20　老鼠与松鼠

1）老鼠的画法及装饰化造型。

老鼠体积小，生长发育很快，繁殖力强，善于打洞、攀登、跳跃、游水和潜水，如图 3-21 所示。

图 3-21 各种形态的老鼠 温红雨作

2）松鼠的画法及装饰化造型。

松鼠体长约 22 厘米；体背面棕褐色，尾毛密长而且蓬松，四肢及前后足均较长，但前肢比后肢短。耳壳发达，前折时可达眼。松鼠为树栖、日行性动物，以晨昏最为活跃，尾巴差不多与身体一样长，如图 3-22 和图 3-23 所示。

图 3-22 松鼠的跳跃动作 温红雨作

图 3-23 各种形态的松鼠 温红雨作

6. 牛、羊的画法（参考图 3-24）

图 3-24 牛与羊

1）牛的画法及装饰化造型。

牛在家畜里面体积较大，身体成长方形，脾气较倔，在人们常见的动物中地位较权威，如图 3-25 和图 3-26 所示。

图 3-25　牛的画法

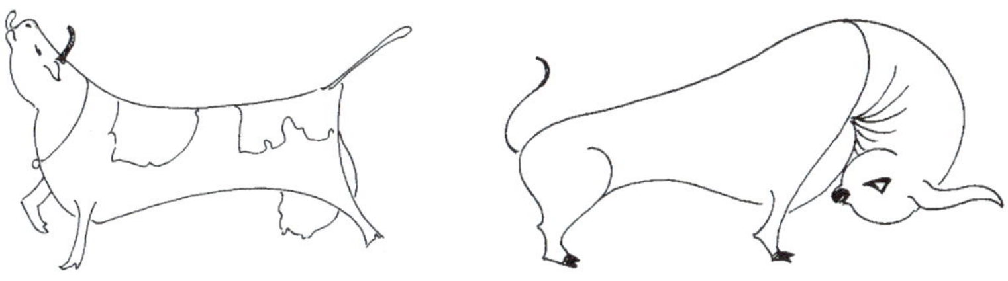

图 3-26　不同形态的牛　温红雨作

2）羊的画法及装饰化造型。

羊听觉灵敏，喜安静，怕惊吓，是食草动物，如图 3-27 和图 3-28 所示。

图 3-27　羊的画法

图 3-28　不同形态的羊　温红雨作

7. 狼、狐狸的画法（参考图 3-29）

图 3-29 狼、狐狸

狼与狐狸的特点及装饰化造型。

狼属于犬科动物，狼机警、多疑，形态与狗很相似，只是眼较斜，口稍宽，尾巴较短且从不卷起并垂在后肢间，耳朵竖立不曲，有尖锐的犬齿。狼的视觉、嗅觉和听觉十分灵敏，狼的毛色有白色、黑色、杂色等，如图 3-30 所示。

狐狸的行动敏捷，善于奔跑，嗅觉和听觉特别灵敏，如图 3-31 ～图 3-33 所示。

图 3-30 狼 温红雨作

图 3-31 狐狸 温红雨作

图 3-32 狐狸的画法

图 3-33　各种形态的狐狸　温红雨作

8. 熊、虎的画法（参考图 3-34）

图 3-34　熊、虎

熊与虎的特点及装饰化造型：

熊的体形笨拙，外形多曲线，体圆，呆中寓精，动作迟缓多趣。

头部造型：小熊的动态与表情，如图 3-35 和图 3-36 所示。

图 3-35　各种形态的小熊　温红雨作

图 3-36　捉迷藏　温红雨作

虎生活在深山老林中，是一种猛兽。形体厚实，四条腿很有力，行走起来步子非常稳健、流畅，从头部、颈、背、尾画出一条有规律而又流畅的线条，如图 3-37 所示。

图 3-37　不同形态的虎　温红雨作

9. 鸟类的画法

（1）鸟类特征

1）身体左右相对称，形体呈纺锤状。

2）体表披有羽毛。

3）身体分头、颈、躯干、尾、翅膀（前肢）、脚六部分。

4）大多能在空中飞行。

（2）简笔画中常画的鸟类

鸟类以生态特征分为多种科目，简笔画中常画的只有 3 种。

1）猛禽类：一般翅膀强劲，嘴弯曲带钩、爪尖锐、捕食小动物，如苍鹰、金雕、秃鹫等，如图 3-38 所示。

2）水禽类：一种是嘴长、腿长、尾短，涉水觅食，生活在浅水和沼泽地区，如白鹭、丹顶鹤，如图 3-39 所示。一种是嘴扁平、脚短有蹼、尾短，分布极广，如天鹅、鸿雁、鸳鸯，如图 3-40 所示。

图 3-38　苍鹰

图 3-39　白鹭

图 3-40　鸿雁

3）鸣禽类：种类极多，形态变化极大，生活在林间平原，有的非常美丽，有的善于鸣叫，多善飞翔和跳跃，如麻雀、百灵、绶带鸟、喜鹊、太平鸟等，如图 3-41 ～图 3-43 所示。

图 3-41　麻雀

图 3-42　喜鹊

图 3-43　太平鸟

（3）用几何形表现鸟的头、躯干、翅膀、尾巴

具体表现形式如图 3-44 和图 3-45 所示。

10. 草虫的画法

简笔画中常画的草虫，只是世界上约一百万种的昆虫中极的一少部分。它们大多是生活中常见的，或形态美好，或鸣声悦耳，或有一定情趣的小虫，如蝴蝶、蜻蜓、纺织娘、螳螂、蜂等。它们的形体色彩很不相同，但是其结构是基本相同的，即六足四翅，身躯由头、胸、腹三部分组成。一般来说，善跳跃的，后肢强壮；善飞的，翅膀强劲，如图 3-46 ～图 3-51 所示。

图 3-44 鸟的画法

图 3-45 各种形态的鸟 温红雨作

图 3-46　各种昆虫

图 3-47　蝴蝶　温红雨作

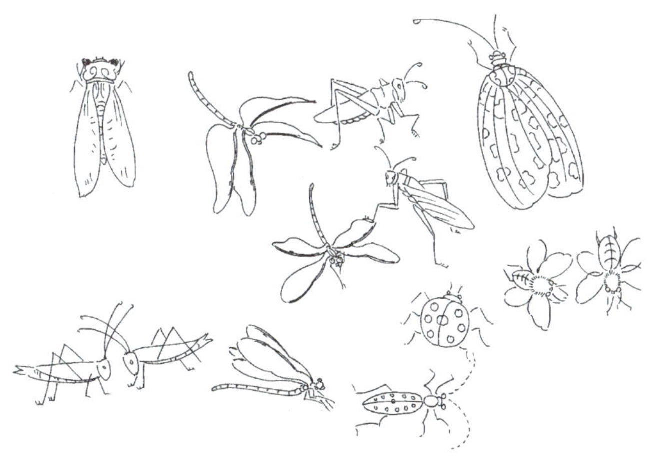

图 3-48　各种昆虫　温红雨作

图 3-49　形象组合

图 3-50　花卉上点缀草虫增加生活情趣　温红雨作

图 3-51　各种昆虫　温红雨作

思考与练习

1．临摹鸡、鸭、鹅及常画鸟的装饰化造型。

2．创作《清晨》。

要求：

1）完整表现主题；

2）可用拟人化的手法（翅膀做手臂）。

3．创作《小猫钓鱼》《我是好孩子》《我们都是好朋友》。

要求：随着课程递进，我们学的动物形象越来越多了，创作时选择的余地更大了。

1）画面故事情节完整；

2）画面中的动物形象可爱，装饰感强；

3）线条优美流畅；

4．临摹所学动物装饰化造型。

5．创作《猴子捞月》。

要求：

1）主题明确；

2）有创新。

6．老鼠与松鼠的体态相似，但神态不同，根据各自的神态演化装饰化造型。

7．根据牛、羊各自的特点进行装饰化造型。

8．临摹狼、狐狸的装饰化造型。

9．创作《乌鸦与狐狸》。

要求：可用拟人化的手法表现动物之间的动态。

10．临摹熊、虎的装饰化造型。

11．根据熊头部俯仰变化增加身体的动态。

第二节 简笔花卉画

用基本形表现花卉，就是把各种花卉、枝叶等简化、概括成近似平面几何基本形。比如：用圆形画花头，用三角形画叶子，用半圆形透视的花头，灵活运用基本形描绘各种花卉形象，如图 3-52 ～图 3-57 所示。

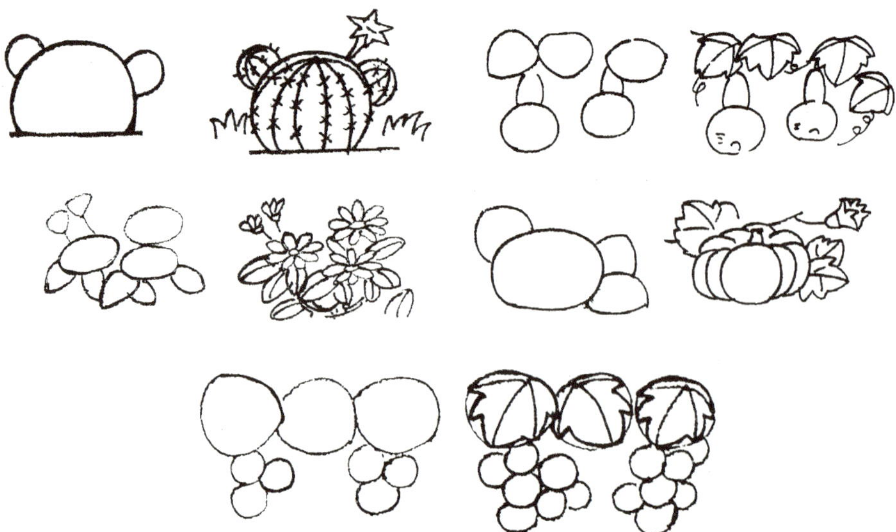

图 3-52 各种基本形的花果 温红雨作

图 3-53 不同表现形式的荷花 温红雨作

图 3-54 不同种类和形态的花 温红雨作

图 3-55　野花野草　温红雨作

图 3-56　不同角度的透视变化　温红雨作

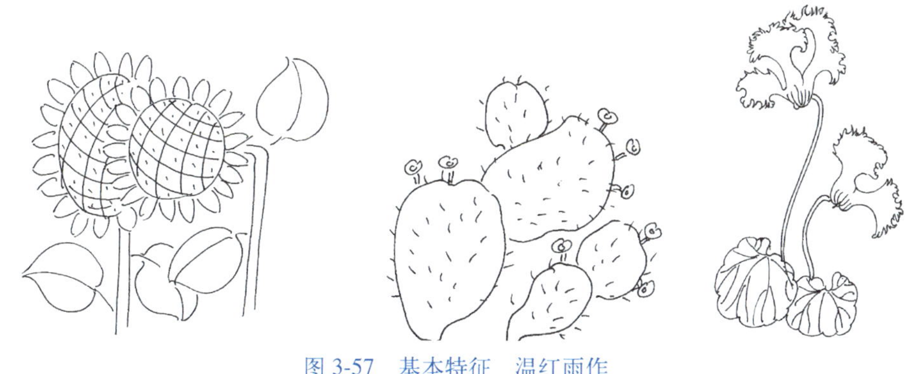
图 3-57　基本特征　温红雨作

第三节　简笔人物画

一、简笔人物画的概念

把要描绘的人物动态表情用最少的线条来表现的绘画，如把头用正圆形来概括，躯体用椭圆形来概括，四肢用单线来概括，双眼用点来概括，鼻子和嘴用线来表现，这种画法便是简笔人物画。

二、简笔人物画的特点

1）线条简洁概括。

2）人物动态夸张。

3）五官表情传神。

三、简笔人物画的基础知识

成人人体为自身的七个头高（站立时），而儿童头的比例偏大，一般四五个头高就可以了。五官比例，成人的五官可概括成“三庭五眼”。“三庭”是指发际至眉毛，眉毛至鼻子，鼻子至下额等分成的“三庭”。“五眼”是面部横向从左耳至左眼，从左眼至右眼，从右眼至右耳，三个距离均为一眼的距离，加上两只眼距正好是“五眼”距离。儿童的五官要比成人的五官集中。

四、简笔人物画法

头像画法步骤如图 3-58 所示。

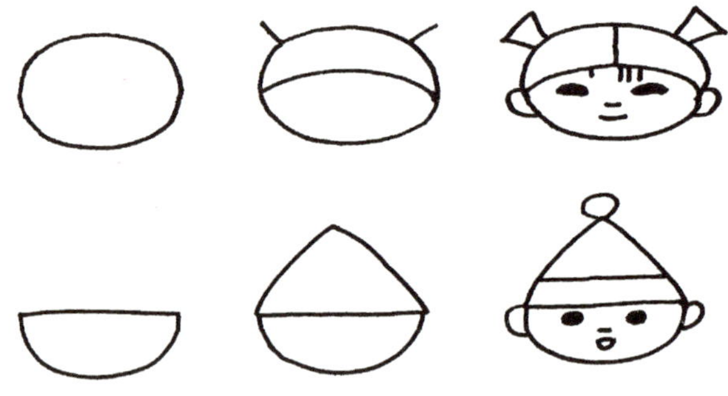

图 3-58 头像画法

（1）人物五官俯仰变化

人物五官俯仰变化如图 3-59 所示。

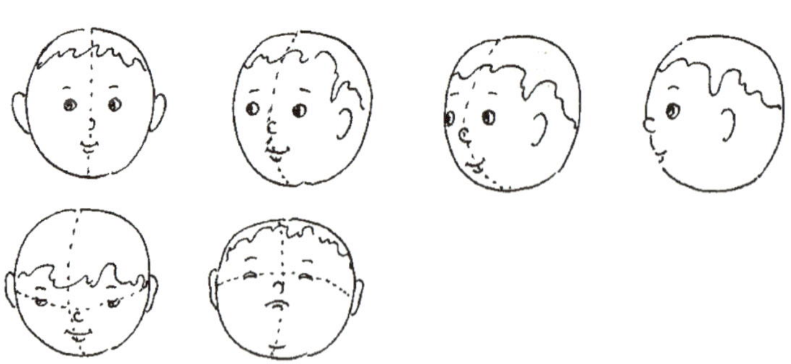

图 3-59 人物五官

（2）人物五官表情变化

人物五官表情变化如图 3-60 ～图 3-63 所示。

图 3-60　人物的各种脸型　温红雨作

图 3-61　人物的五官表情——笑　温红雨作

图 3-62　人物的五官表情——哭　温红雨作

图 3-63　人物的五官表情——怒和惊　温红雨作

五、人物动态画法步骤

人体结构分四大部分：头、身子、上肢、下肢。人体的比例一般以头为标准，把全身的高度和头做比较。全身约为七个头高，躯干约为两个半头。两臂左右平伸时，两手距离等于全身高度。1 ～ 3 岁时全身只有四个头长，5 ～ 6 岁五个头长，16 岁时才接近成人比例，如图 3-64 所示。

图 3-64　不同年龄的人体比例

男女的形体也有差异：男肩宽、臀窄，成倒梯形；女肩窄、臀宽，成正梯形，如图 3-65 所示。

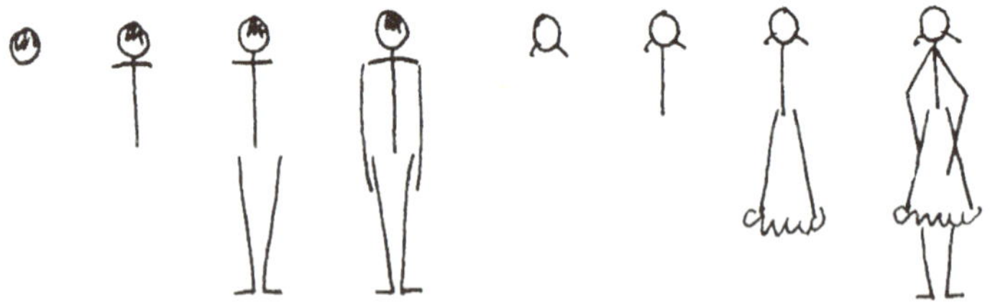

图 3-65　男女形体差异

此外，特别需要注意的是，儿童天真活泼、头大身小，如图 3-66 所示。

形体动态画法如图 3-67 ～图 3-72 所示。

相同的动态添加不同的道具、背景形成不同的画面效果，如图 3-73 所示。

图 3-66　各种体态的儿童

图 3-67　坐、蹲、爬、跑、跳

图 3-68　站

图 3-69　坐

图 3-70 运动 温红雨作

图 3-71 各种不同的动态根据线条的动态逐渐增加人物难度

图 3-72 在简单的动态人物周围添加景物形成有趣的画面组合

图 3-73 不同的画面 温红雨作

思考与练习

根据参考形象及资料试着从新组合画面作练习。

第四节　简笔风景画

一、用基本形表现风景

用基本形表现风景，就是把各种花草、树木、山、水和建筑物等简化、概括成近似平面几何基本形。比如：用圆形画太阳、树冠，用方形画楼房，用三角形画树，用半圆形画桥，用梯形画房子、帆船。用基本形表现风景，首先要认识、会画基本形，然后灵活运用基本形去描绘各种景物形象，如图 3-74 所示。

图 3-74　生活中的各种树、平房、楼房、亭子、山石

二、用基本形组合表现风景

大自然中的花草、树木、山、水和建筑物千姿百态，各不相同。如果遇到一些复杂的景物时，可以先把这些景物分成近景、中景、远景；再进一步具体分解、概括成不同的基

本形；最后组合在一起，如图 3-75 所示。图 3-75 中的四幅风景画，就是先把树、房屋、围墙等分解、概括成不同的基本形，然后组合成完整的风景画。

图 3-75　画面层次：远景、中景、近景

三、构图

构图就是把所见的景、物构成一幅画。是指形象在画面中占有的位置和空间所形成的画面分割形势。面对一张白纸，我们要把自己需要的物、景安排在里面，这样就产生了构图。即使同一个景如果安排位置不同也会出现不同的构图。一张作品的成败，构图是相当关键的。构图的目的是想让观者能更集中、更明了地看清作者想要表现的景物。构图尽管千变万化，但也有规律。

1. 疏密、繁简对比

画风景简笔画，应去繁就简，抓住大的形体特征，再添加富有情趣性的细节，并把动物、植物、人物点缀其中，使之更具有生活气息，如图 3-76 和图 3-77 所示。

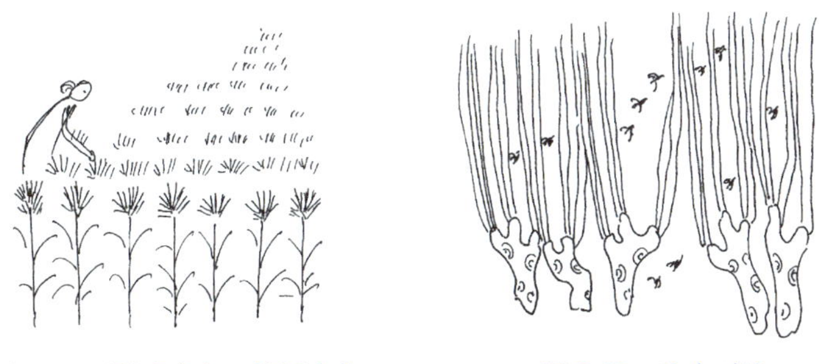

图 3-76　远近疏密、长短变化　　图 3-77　疏密对比

2. 参差错落对比

画面中的房舍参差不齐，前面几棵树木上下错落，既有重叠又有交错，使画面更显得充实，如图 3-78 所示。

3. 均衡变化

构图中要有均衡，但均衡决不能平均，一定要有变化，也要有疏密、大小、虚实等。如果平均对待，那画面就呆板、缺少变化。在构图中往往运用一大一小、一疏一密来求得均衡，如图 3-79 和图 3-80 所示。

图 3-78 参差错落

图 3-79 均衡对比

图 3-80 呼应对比

四、组合练习

组合练习如图 3-81 所示。

图 3-81 各种组合画面

思考与练习

1. 根据资料进行构图练习。
2. 补充夏、秋两景，如图 3-82 所示。

图 3-82 夏、秋两景资料

第四章

卡 通 画

❖ 本章知识点

1. 卡通画的发展现状和前景；
2. 卡通画的艺术表现规律和特点及绘制方法。

第一节 卡通画概述

一、卡通画的概念、产生和发展

“卡通画”一词来源于英语单词Cartoon——“卡通”，意思是运动的画面，现在已经延伸为固定的画种名词，就是“漫画”的意思。卡通画主要以线条为主要造型手段，塑造生动可爱的各种形象，结合连续性故事情节，常采用夸张造型手法，引人入胜。书籍形式的称为“卡通书”，和我国传统意义上的连环画有异曲同工之处。影视形式的称为“卡通片”，我国又称为“动画片”。现在流行的“动漫”一词就是指卡通画和它的衍生品的统称。

卡通画最早风靡全球的应首推美国迪斯尼公司的“米老鼠”，它引导和带动了席卷全球的卡通之风。现代漫画有两大派，一是美国在20世纪初刊于杂志报章上的Comics（现在也通译为卡通画），二是日本在“二战”前兴起的卡通画。

漫画在中国已有百多年的历史，在清朝末期随着世界与社会内部的改变，批评时事的“讽刺画”在我国盛行起来。这跟16世纪处于宗教革命前的德国一样，批评政治的卡通画，初次刊载于报纸上。法国与英国相继出现各种的政治漫画。在革命前的法国（1789年），当时地下组织如雨后春笋般兴起，卡通漫画成为重要的宣传工具。

在绘画方法上，中国早期是毛笔与版画并用的手法绘制漫画，这最大好处是便于雕版印刷。清朝末叶废除科举以前，我国书画印刷流通有限。千年沿用的拓碑法及古典印刷术，或者手口抄录相传是我们仅有的工具。洋务运动至民国时期，石版印刷术传入我国，画家风格随之改变。我们从清朝的回回图到丰子恺于20世纪20年代的毛笔漫画，再至张乐平的《三毛》或叶浅予的《王先生》等作品可以看出，在技术上，中国漫画逐渐形成特定的形式技法。中国早期出现了几位漫画大师，对后来中国漫画的发展起着举足轻重的作用。

中国漫画家第一人丰子恺，从20世纪20年代一直创作至抗战时期；捱过了战争至新中国建立，却又遇到了10年浩劫，惨被“四人帮”迫害却坚持作画。其代表作《护生集》

至今一版再版。丰子恺（1898～1975年），浙江桐乡人，是中国现代受人景仰的漫画家、散文家。他的绘画、文章在几十年沧桑风雨中保持一贯的风格：雍容恬静，其漫画更是脍炙人口，如图4-1所示。

张乐平先生（1910～1992年），浙江海盐人，原名张升。1923年，他画了第一部漫画《一债负五千元》，初露绘画才华。在1935年上海的《小晨报》上，一个只留三根头发的光头小孩三毛诞生了。抗战胜利后，他回到上海，先后在《申报》和《大公报》上刊载长篇连环漫画《三毛从军记》和《三毛流浪记》。长篇巨作《三毛流浪记》是张乐平的代表作，主要写了一个生活在底层的苦孩子，他心地善良，嫉恶如仇，富有同情心和正义感，勇敢而又倔强。作品获得了巨大成功，三毛的形象（如图4-2所示）成为我国最早的漫画明星。张乐平的作品非常具有时代性，揭露了当时社会的黑暗，大胆的作风如同鲁迅先生的尖刻文章，不识字的劳苦大众也能清楚明白地看懂。

图4-1 取苹果 丰子恺作

图4-2 三毛 张乐平作

回顾我国卡通发展史，中国卡通画和世界卡通画的发展几乎是同时起步的。世界上第一部长篇卡通画电影《白雪公主》诞生于1937年。在1941年，我国便推出亚洲第一部卡通画长片《铁扇公主》。中华人民共和国成立后，中国陆续推出《大闹天宫》《哪吒闹海》《小蝌蚪找妈妈》《三个和尚》《葫芦金刚》《黑猫警长》等具有影响力的卡通片，其中《三个和尚》还获得第32届西柏林电影节银熊奖。现在在日韩漫画的冲击下，我国也有优秀的卡通画作品出现，电影《宝莲灯》、电视作品《蓝猫淘气三千问》《魔豆传奇》等，都是脍炙人口的佳作，如图4-3～图4-12所示。

二、卡通画的主要特点

（一）鲜明生动的人物形象

各种造型奇妙、个性生动的卡通形象是卡通画的灵魂。在卡通世界中，卡通形象的比例与真实人物比例不相同。首先卡通人物的身体比例关系与真实人物比例不同，如图4-13所示。

卡通画中男性身体与女性身体的比例关系也不相同，如图4-14和图4-15所示。

图 4-3 《三个和尚》

图 4-4 《大闹天宫》

图 4-5 《哪吒闹海》

图 4-6 《哪吒闹海》中的龙王

图 4-7 《抬驴》

图 4-8 《狐狸打猎人》

图 4-9 《黑猫警长》

图 4-10 《小熊猫学木匠》

图 4-11 《雪孩子》

图 4-12 《宝莲灯》

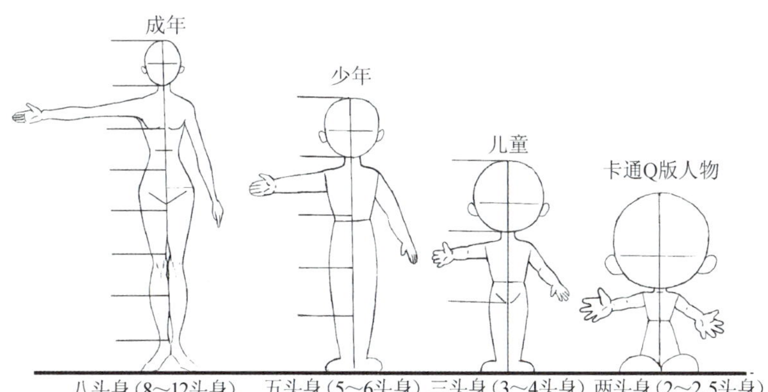

图 4-13 卡通人物比例关系

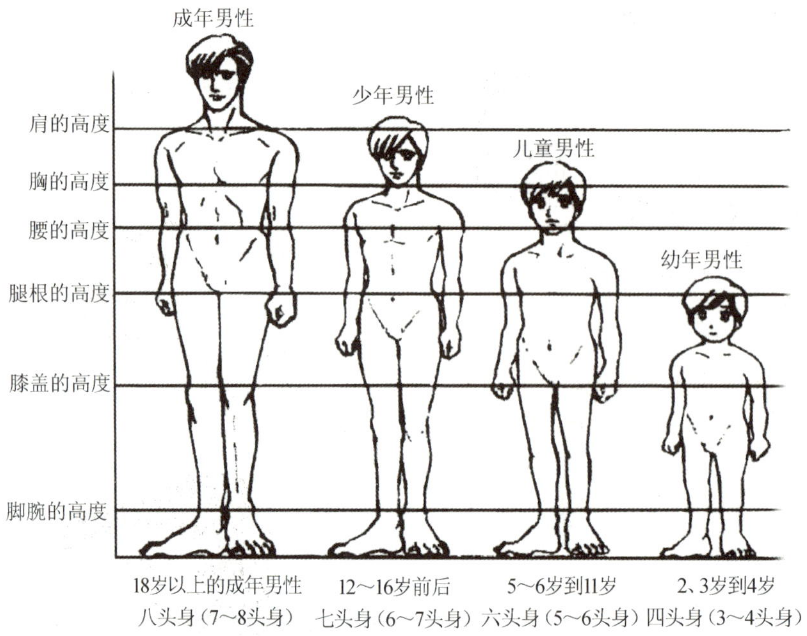

图 4-14　卡通男性身体比例关系

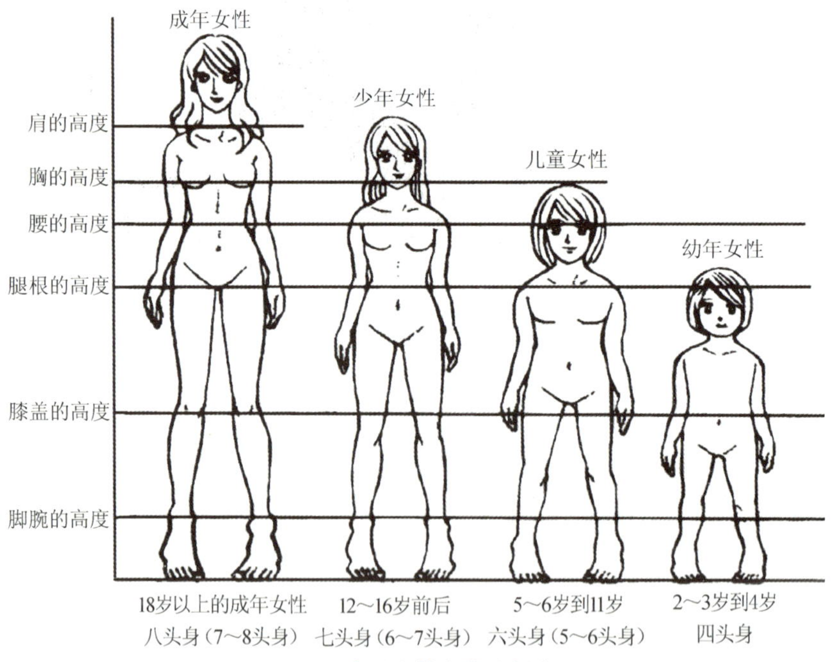

图 4-15　卡通女性身体比例关系

其次，卡通人物面部比例关系与真实人物比例关系也不同，如图 4-16 所示。

（二）卡通造型夸张变形基本风格

卡通造型大部分是夸张变形的，但也有写实的。美国卡通形象除了造型夸张、拟人化

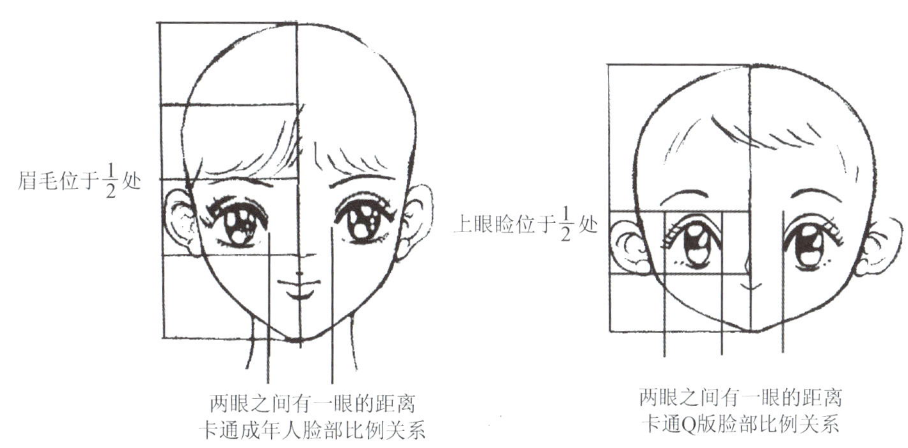

图 4-16　卡通人物脸部比例关系

的米老鼠唐老鸭，还有深入人心的超人、蜘蛛侠、人猿泰山，都是造型严谨的卡通画形象。写实是造型基础，只有熟悉和掌握写实造型的技能，才能更好地塑造夸张变形的卡通形象。

1. 写实风格卡通

写实风格即在写实基础上，强化特点，突出特征，例如超人、人猿泰山，如图 4-17 和图 4-18 所示。

图 4-17　超人卡通插图

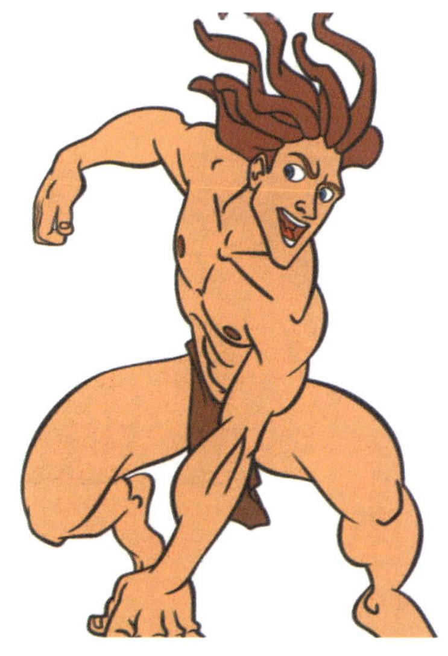

图 4-18　人猿泰山漫画插图

2. 拟人化风格卡通

拟人化风格即把动物、鸟虫等形象拟人化，赋之于人的思想感情、个性，例如唐老鸭、米老鼠，如图 4-19 所示。

3. 魔幻化风格卡通

魔幻化风格即把人兽等形象的特征融为一体，使之产生奇幻的卡通形象造型，例如

图 4-19 [美] 迪斯尼卡通动物

《圣斗士星矢》中的人物的变化造型，《龙猫》中龙猫等形象的造型，《死神》中“虚”的造型，如图 4-20 和图 4-21 所示。

图 4-20 [日] 宫崎骏卡通作品《龙猫》

图 4-21 [英] 罗德尼 · 马修斯的卡通插画

4. 艺术风格化卡通

艺术风格化即使用一定的艺术表现手法创作的卡通造型，使之具有特定的艺术魅力，例如我国水墨卡通画《鹬蚌相争》、剪纸卡通画《狐狸打猎人》。最近一些电脑游戏中运用的卡通造型具有油画风格，也属于这种造型模式，如图 4-22 ～图 4-26 所示。

（三）精彩富于感染力的画面

卡通画的另一艺术特点就是渲染华丽的场景描绘。恰当的场景描绘可以有力地烘托人物的个性特征，衬托丰富多彩的故事情节，如图 4-27 和图 4-28 所示。

图 4-22 《小蝌蚪找妈妈》

图 4-23 《山水情》

图 4-24 [日]《犬夜叉》

图 4-25 [日]《樱桃小丸子》

图 4-26 《鹬蚌相争》

图 4-27 [日]宫崎骏卡通作品

图 4-28　[捷] 帕特里克 · 伍得洛夫的卡通插画

（四）引人入胜的故事情节

卡通画的魅力除了来源于个性突出的人物形象，还有卡通画跌宕起伏的故事情节，这也是许多卡通连环画被一再改编为影视作品的原因。例如《超人》《蜘蛛侠》《蝙蝠侠》等，故事充满科幻色彩，情节超越人们的想象力，成为脍炙人口的佳作，如图 4-29 所示。

图 4-29　[美]《蜘蛛侠》

三、卡通画的分类

从传统风格的角度，当今流行的卡通画可以分为美国风格卡通画和日韩风格卡通画。美国卡通画造型严谨，绘画技法源于西方传统的明暗造型方法。日韩风格卡通画造型变形夸张强烈，绘画技法来源于东方的线条造型方法，如图 4-30 ～图 4-33 所示。

图 4-30 刘继卣国画作品

图 4-31 ［日］《棒球小子》

图 4-32 ［日］天野喜孝卡通作品

图 4-33 郑问卡通作品

从画面效果来分，卡通画分为黑白卡通画和彩色卡通画，如图 4-34 所示。

从绘制工具上分，可以分为手绘卡通画与电脑制作卡通画。大部分卡通连环画都是黑白卡通画，主要运用素描或线描的方法塑造形象，线条明快、表达力强，是一种比较容易掌握的卡通画。单幅卡通画也有运用黑白线描绘制的。彩色卡通画由于成本原因，手绘彩色卡通大都是单幅卡通画。电脑技术的运用使彩色卡通画绘制变得简单，可以批量生产。

图 4-34 [美] 斯考奇 · 杨卡通作品

许多大型卡通影视都是电脑制作的结果，如图 4-35 和图 4-36 所示。

图 4-35 穆逢春卡通作品

图 4-36 [日] 乌山鸣漫画教材

从艺术形式的角度来分，卡通画可以分为单幅卡通画和连环故事卡通画，如图 4-37 ~ 图 4-40 所示。

四、卡通画专用工具

纸类：水彩纸、绘图纸、硬卡纸、专用彩画纸等。

图 4-37 游素兰卡通作品

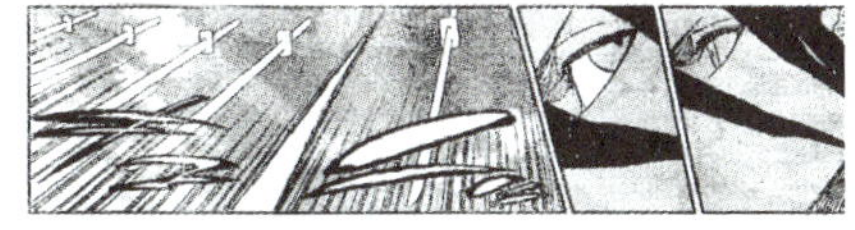
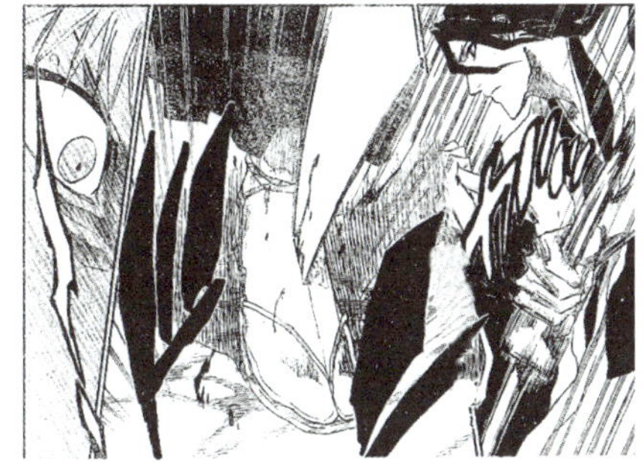
图 4-38 日本卡通连环画《死神》

图 4-39 [捷]帕特里克·伍得洛夫作品

图 4-40 [日]宫崎骏作品《龙猫》

笔：铅笔、钢笔、蘸水笔、彩色铅笔、水彩笔、马克笔、油画笔等。

颜料：水彩、水粉、彩色墨水、彩色粉笔等。

其他：修正液、黑白网点纸、彩色网点纸、定画液、喷壶。

思考与练习

1. 谈谈你对中国卡通画发展前景的看法。
2. 卡通画风格各异，举例说明你所熟知的卡通形象属于什么风格。

第二节 黑白卡通画

一、黑白卡通画的特点

黑白卡通画主要有黑白灰三种色彩，黑白卡通画可以作为彩色卡通画的蓝本，也可以独立成幅。黑白卡通画绘制比较简单，但是表现力很强。西方卡通画多用素描的手法绘制，造型严谨，立体效果明显。日本、韩国、中国台湾、香港以及内地卡通画常用线描的手法绘制，以平面卡通画为主，形成独特的卡通风格。

二、黑白卡通画的表现方法

黑白卡通画表现方法：无论是素描还是线描的造型手段，都离不开画面的构图和对黑白灰面积的巧妙运用。

单幅卡通画的构图要求把主要人物形象放在醒目显眼的位置，次要人物形象放在不显眼的地方，背景能突出人物形象。

故事卡通画要根据故事情节的展开确定构图，像拍电影一样，把每个镜头都拆开给人看，所以每个画面的构图都力求不同，并且能体现故事的情节起伏、氛围变化、人物的个性等方面。利用透视原理，从不同的角度描绘卡通形象，就会形成电影镜头一样的富于变化的故事卡通画。不同的透视角度带给人不同的感受。用仰角画人物，人物显得高大；用俯角画人物，人物显得渺小。

蒙太奇是电影常用的手法，在故事卡通画中也经常运用。画面之间要注意情节、细节的连贯性，即使没有文字说明也要使人明白发生了什么。还要注意镜头的严密性，换句话说就是不要有多余的画面或是缺少画面。此外，注意画面之间的节奏感，要有张弛起伏变化，使交待的情节更具有艺术魅力，如图 4-41 和图 4-42 所示。

图 4-41 [日]藤原薰作品

图 4-42 [日]藤原薰作品

黑白卡通画比较讲究黑白灰面积的运用。黑即画面中色调最重的块面，白即画面中色调最亮的块面，黑色线条描绘的灰面调子就是灰的面积。往往白色块面会“留”出来，黑色块面形成画面的焦点部分，而灰色块面起到调节整个画面效果的作用。同时，黑白灰在黑白卡通画中能营造不同的氛围。黑色调子的画面往往暗示黑暗势力、恐怖气氛、不明朗状态。白色居多的亮调子画面往往象征光明、愉快幸福气氛、明朗状态。灰色调子的画面可以营造更丰富的意境。绘制黑白卡通画，首先要了解线条的表现性。不同的线条产生不同的效果。黑白卡通画中的线条表现性更强，要求更加通俗化，更加生动，更加具有感染力。或圆润，表现可爱形象；或凌厉，表现硬朗形象；或单纯，表现搞笑效果；或严谨，表现震撼氛围　　如图 4-43 ～图 4-48 所示。

图 4-43　[日]《机器猫》

图 4-44　翁子扬作品

图 4-45　丰子恺漫画

图 4-46　[日] 富坚义博作品

图 4-47 美式卡通人物

图 4-48 朱峰作品

不同的国家民族其卡通画的线条也具有本土特色。美国迪斯尼之浑厚、豪放，日本之潇洒、平淡，中国香港、台湾之筋道、洒脱，都是不同风格的卡通画线条。我国古代绘画艺术也是以线条为主要造型手段，“十八描”就是前人总结的优秀传统。怎样利用好我国的优势传统，打造中国风格的卡通画，是我们共同的责任。现在有些中国卡通画家结合国画技法，大量使用毛笔，使黑白卡通画具有了鲜明的中国水墨画的特点，成为卡通画技法创新的成功典范。

三、黑白卡通画绘制步骤

绘制黑白卡通画，一般工具有针管笔、弯头钢笔、蘸水笔、描图笔、毛笔等，根据绘画表现的需要或画者的绘画风格决定。墨水使用不易沉淀的绘图黑墨水。用毛笔勾线就可以采用中国墨汁。

制作黑白卡通画，传统方式是采用网点纸。网点纸肌理各异，可以节省绘制时间，提高绘制效率，还能增强画面的表现力。从材质上分为两类：透明的和不透明的。透明网点纸的运用方法：按着画面需要的形状和位置用小刀切下，再贴上画面。不透明网点纸可以复印多张，剪贴上再画或画上去再剪贴，可以灵活运用。利用好网点纸，就可以控制好画面的黑白灰面积，可以丰富地表现画面效果。也可以运用电脑绘制黑白卡通画，一般情况下先画好线描稿，扫描进电脑后运用一些图像编辑软件，如 Photoshop，使用适当的工具渲染画面，得到电子档的黑白卡通画，再打印出来。

黑白卡通画绘制步骤：

1）先画铅笔稿，构图，确定主要形象，描绘背景大轮廓，如图 4-49 所示。

2）再用钢笔描绘，如图 4-50 所示。

3）依据需要切下网点纸，粘在需要位置，如图 4-51 所示。

4）丰富画面的层次，使画面更加完整，如图 4-52 和图 4-53 所示。

5）背景同时描绘，完成，如图 4-54 所示。

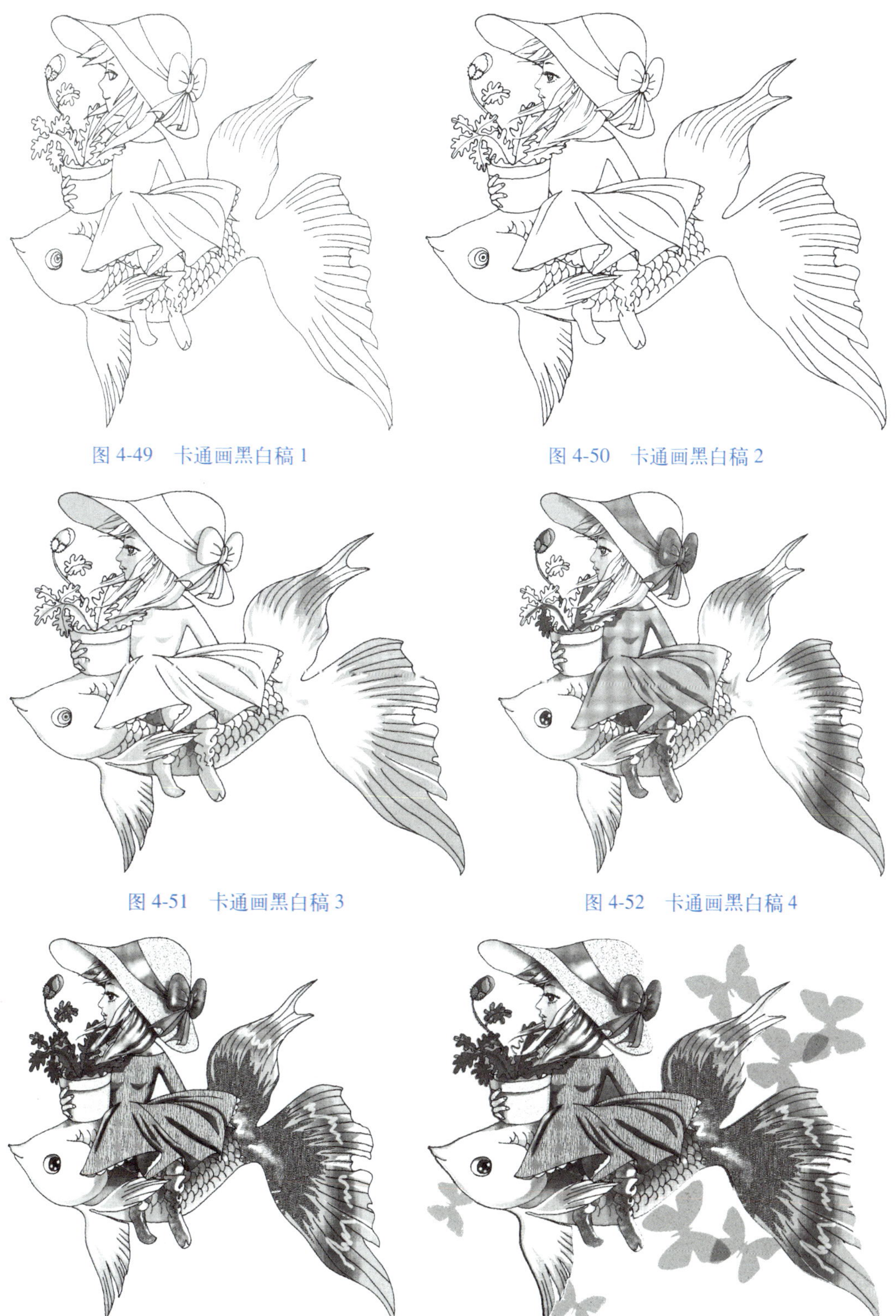

图 4-49 卡通画黑白稿 1

图 4-50 卡通画黑白稿 2

图 4-51 卡通画黑白稿 3

图 4-52 卡通画黑白稿 4

图 4-53 卡通画黑白稿 5

图 4-54 卡通画黑白稿 6

思考与练习

用线条造型的方法画一幅黑白卡通画。

第三节 色彩卡通画的绘制知识与方法

一、色彩卡通画的基本常识

色彩卡通画是在黑白草稿上，涂上色彩，形成绚丽丰富的彩色画面。

色彩卡通画的特点如下：

（一）色彩的丰富性

为了使画面华丽耀眼、吸引人，色彩卡通画中的色彩比其他视觉艺术的色彩更加丰富绚丽。

（二）色彩的装饰性

卡通画具有很强的装饰性效果，每一幅单幅的卡通画都像一幅精致的装饰画。色彩因此也具有了非常强烈的装饰性，如图 4-55 和图 4-56 所示。

图 4-55 ［日］美梦久源氏作品

图 4-56 ［日］春日圣生作品

（三）色彩的主观性

色彩从表现形式上可以分为写实色彩与表现色彩，在卡通画创作中，表现色彩的运用更为普遍。因为卡通画世界本身就是虚幻的、假想的，充满了创作者的主观性，如图 4-57 和图 4-58 所示。

图 4-57 [日] 宫崎骏作品

图 4-58 翁子扬作品

二、色彩在卡通画中的运用

（一）色调的运用

不同感觉的色调传达给人的感觉不同。暖色调的画面温馨、浪漫，有怀旧的气氛；冷色调的画面清爽、干净、明快，如图 4-59 和图 4-60 所示。

图 4-59 《九色鹿》

图 4-60 [日] 小岛文美作品

（二）视觉感受的运用

1. 调和色

调和色组成的画面色彩均衡、和谐，是经常运用的色彩处理方式。色彩调和的基本原理大体分为两个方面：类似调和与对比调和。

类似调和强调色彩要素中的一致性关系，追求色彩关系的统一感。类似调和包括统一调和与近似调和两种形式。对比调和包括以强调变化而组合的和谐的色彩。在对比调和中，明度、色相、纯度 3 种要素可能都处于对比状态，因此色彩更富于活泼、生动、鲜明的效果。这样的色彩组合关系要达到某种既变化又统一的和谐美，主要不是依赖要素的一致，而要靠某种组合秩序来实现，我们称为秩序调和。

在色彩卡通画中，色彩的类似调和与对比调和运用非常广泛，如图 4-61 ～图 4-64 所示。

图 4-61　翁子扬作品

图 4-62　[日] 椎名咲月作品

图 4-63　[日] 椎名优作品

图 4-64　《哪吒闹海》

2. 色彩对比

色彩的对比也是色彩卡通画经常运用的色彩表现方法。色彩对比分为同时对比与连续对比。同时对比与连续对比都是由于视觉生理条件的作用在视觉中发生的色彩现象，都属于色彩的视觉。同时对比是指当两种颜色同时并置在一起时，双方都会把对方推向自己的补色。红和绿并置，红的更红，绿的更绿，这种现象就属于色彩的同时对比。

连续对比指的是在不同的时间条件下，或者说在时间运动的过程中，不同颜色刺激之间的对比。例如，当我们长久注视一块红颜色之后，抬起眼睛看白墙会觉得墙变成了绿色。色彩对比还分为色相对比、纯度对比、明度对比。对比效果使画面的色彩更加鲜明、层次更加丰富，如图 4-65 ～图 4-68 所示。

图 4-65 ［日］金子一马作品

图 4-66 ［日］椎名咲月作品

图 4-67 ［美］C. Gtalk 作品

图 4-68 ［日］春日圣生作品

三、色彩卡通画的绘制步骤

绘制色彩卡通画需要精心准备。首先要把握整体画面的氛围，设计好完整的色调，最好通过彩色草稿来确定色彩的最后效果之后再正式上色。一般情况下，任何色彩画种都可以绘制卡通画。流行的做法是水粉颜色、水彩笔、彩色网点贴纸以及电脑制作。最近国内有用国画和油画的方式画卡通画，效果也非常好。无论用什么工具绘制，色彩卡通画的绘制步骤都相差无几。具体步骤如下：

1）画草稿，如图 4-69 所示。

2）拷贝线描稿，如图 4-70 所示。

图 4-69 卡通画色彩稿 1　　图 4-70 卡通画色彩稿 2

3）铺第一层底色，如图 4-71 所示。

4）细节描绘，也可以用彩色网点纸切贴完成，增强立体感，如图 4-72 所示。

图 4-71 卡通画色彩稿 3　　图 4-72 卡通画色彩稿 4

5）画背景，完成，如图 4-73 所示。

部分卡通形象造型如图 4-74 ～图 4-89 所示。

图 4-73　卡通画色彩稿 5

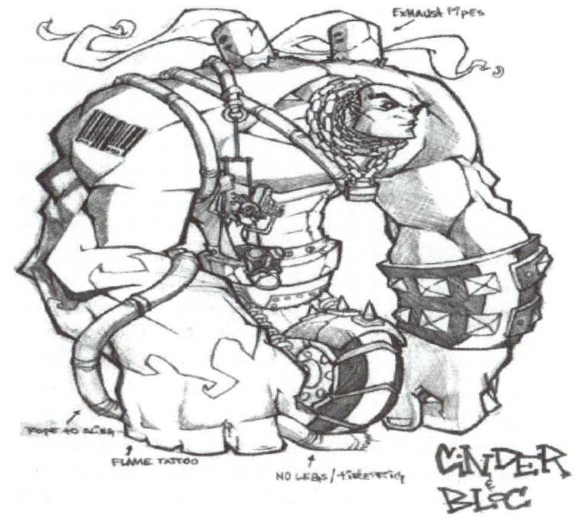

图 4-74　[美] 斯考奇 · 杨作品

图 4-75　[日] 宫崎骏卡通画作品

图 4-76　[日] 宫崎骏卡通画

图 4-77　[日] 金子一马作品

图 4-78　[捷] 帕特里克 · 伍得洛夫作品

图 4-79 [日]《灌篮高手》

图 4-80 [捷] 帕特里克·伍得洛夫作品

图 4-81 [日]CLAMP 作品

图 4-82 [日] 宫崎骏卡通画《千与千寻》

图 4-83 [美] 乔治·卢卡斯作品

图 4-84 郑问作品

图 4-85 ［美］乔治·卢卡斯作品

图 4-86 ［美］乔治·卢卡斯作品

图 4-87 郑问作品

图 4-88 ［日］《火影忍者》

图 4-89 ［日］伊苏作品

思考与练习

结合中国卡通风格，画一幅中国特色的色彩卡通画。

第五章 中国画

❖ 本章知识点

1. 通过中国画学习，使学生初步了解整个绘画的发展历史和艺术特点；
2. 重点学习和掌握中国工笔花鸟和写意花鸟的造型与设色技巧。

第一节 中国画基本概述

中国画是中华民族的传统绘画，历史源远流长，并有着辉煌灿烂的成就。在长期的历史发展中，各时代都涌现出了一批优秀的作品和名家。这些名家的杰作可和西方任何时代的作品相媲美，也像是一座座高峰，屹立于世界艺术之林，被认为是东方绘画的代表画种，被世界各国所瞩目。

要学好中国画，首先要认识中国画，了解中国画的风格特点、艺术规律和独特的审美思想，并结合中华民族的悠久历史、民俗习惯、文化素养、思维方式，用哲学的观点来解析中华民族的传统绘画，经过自己正确学习，不懈努力，方能登上中国绘画艺术的殿堂。

几千年历史文化的积淀发展，形成中国传统绘画独有的审美体系。从东晋时期顾恺之的“以形写神”理论，到南齐时期谢赫的“六法论”精华思想，再到唐代张璪的“外师造化，中得心源”写生创作方法，直到近代齐白石大师的“似与不似之间”的审美理论等，都可以看出中国画中讲究学养、学识、品德、立意、写生、写意、意境、气韵、章法、笔墨、程式、形式、风格等一系列艺术创造理论，极具中华民族气魄。较之世界各国的文化艺术更具有鲜明的民族风格、民族精神和民族特点，不仅为中国人民喜爱，更得到世界人民的高度赞赏，如图 5-1 所示。

一、中国画是一门综合艺术

中国画很讲究画者的修养、学识，所以现代很多美学理论家都提到：“中国画的最高较量是拼修养。”纵观中国画几千年的绘画历史，中国画除具有很强的民族性外，还融入了很多姊妹艺术的精华，成为一门综合性艺术。

融文学、诗词、绘画于一体。中国画讲究诗情画意，诗中有画，画中有诗；诗乃无形画，画为有形诗，把中国画的意境创造提升到了很高的境界。

融书法、篆刻（金石）、绘画于一体。“书画同源”，中国书画源远流长，书中有画、画中有书，用笔、用墨方法都是相同的。书法线条的抽象韵味融入中国画，使中国画对线条的要求超出形象之外。到明清时期，金石入画，更增强了中国画的精神，使其画面丰富多彩，金石韵味十足，如图 5-2 所示。

图 5-1　东晋　顾恺之　洛神赋图局部

图 5-2　现代　齐白石　花卉

二、中国画的“写意”艺术观

纵观中国画的发展史，可以看到从老庄的“天人合一”、“阴阳相克相生”的哲学观的影响，到现代中国艺术家的主观和客观相互统一，中国画家的审美标准主张“迁想妙得”、“外师造化、中得心源”，追求“气韵生动”、“以形写神”、“超以象外”、“缘物寄情”的艺术境界。

许多人认为“写意”画是描绘一些简单的、含混不清的图像和意念，这是一种错误的认识。要想认识中国画首先要了解中国画的写意性。“写意”乃“写性”、“写神”、“写韵”、“写心”、“写情”。状物乃是为了“寄情”、“抒怀”。这是中国画的主要表现方法和艺术观点。所以从中国画的发展史看“写意”是主流，虽然也有很好的工笔重彩、浅绛山水等表现方法，但在艺术观念上也是具有写意性。

中国画不特别看重形象的视觉真实，也不是画死的花鸟标本，而是缘物寄情，表达一种情感、心境。像人们流传的“喜画兰，怒画竹，不喜不怒画牡丹”，以梅、兰、竹、菊比喻“四君子”，以梅、竹、松比作“岁寒三友”，借花喻人抒发作者的高尚情怀，如图 5-3 ～图 5-5 所示。

图 5-3　近代　吴昌硕　红梅

图 5-4　清　朱耷　枝上鸲鹆

图 5-5　南宋　赵孟坚　岁寒三友图

写意观使中国画家在表现物象时已摆脱了时间、空间观念的限制。千山万水、风雨云雾、朝霞暮霭，这些自然景物在画家笔下均可自由组合，招之即来、挥之即去。画者可以把他的所见、所知、所想结合成一种宏观意识，“天地造物、随期剪裁、阴阳大化、任其分合”，这样创造出来的作品，是客观世界与主观情思交融后，构成的超越形象的时空一体的艺术境界。这种默契是客观的自然与主观思想的完美结合，其描绘出来的景色真实到可游可居的地步。

三、以线为主的中国画笔墨观

以线入画，以书入画，讲究用笔用墨，是中国画的优秀传统。中国绘画从古代就很讲究用线。古代有“十八描”之说，工笔绘画中也有“线描”、“白描”之法，可见线在中国画中的重要性。同时用笔用墨也是中国画的精神，古人早就有“笔骨墨肉”之说。如果说西画是体面和光影色彩的交响乐，那么中国画就是点线和水墨的协奏曲。清代画家恽南田说：“有笔有墨谓之画。”有无笔墨，成为评价中国画优劣的一个重要标准。

图 5-6　唐　吴道子　线描

中国古人精巧地制造发明了非常科学的毛笔，而画家们利用毛笔灵活变化的笔法，或抑扬顿挫，或轻重缓急，或长短粗细，或浓淡干湿，在传统工艺的宣纸上创造富有魅力的千变万化的点、线，用墨色表现各种不同的对象，抒发各自不同的思想感情，如图 5-6 所示。

中国书画的用笔，讲究一个“力”字，

要力透纸背、力能扛鼎、高山坠石、棉里包针、平如锥画沙、圆如折钗骨、留如屋漏痕等，都是要求用笔要有力度。力不单纯指的是力量，力是活的，力是生命力，同时还是一种人格、道德、修养、精神力量。中国画用笔的变化包括节奏美和韵律美。线本身的节奏变化、韵律变化就是一种美，画面整体的节奏和韵律更加重要，只有整体和局部的完美协调呼应才为优秀佳作。

墨是笔的痕迹，墨是活的，通过用笔来讲究用墨。古人早就有“墨彩”、“墨分六色”之说，中国的水墨写意画很绝，有时不着一色，却能水墨淋漓，栩栩如生。中国画在用墨技法上，还有浓、淡、干、湿、焦、枯、宿、积、破、泼等。以上各种墨法，归根到底还是“归于用笔”写意出来。用笔无法，则用墨不精。笔和墨在使用时是相互结合、相辅相成的，如同骨骼和血肉交织在一起的，不能分开，墨由笔出，笔由墨现。一幅好的中国画，笔法、墨气是浑然天成的。强调用笔，讲究用墨，这是中国画的最大特点，故而深厚的笔墨功底成为中国画家们终生追求的目标。

四、西画特点与中国画特点比较

西画的分类一般是：人物画、风景画、静物画。中国绘画分类则是：人物画、山水画、花鸟画。西方古代艺术创作观注重“美”与“真”之间的共同点，把艺术审美创作和欣赏看作是追求知识的活动。中国古代艺术创作注重“美”与“善”之间的联系，把艺术审美创作和欣赏看作是传播、教化、塑造人格心灵的向善行为。例如：西方古典静物画，对物景的逼真描绘，反映了他们对客观事物观察的深入细致；中国古代花鸟画，则善于通过对“梅、兰、竹、菊”等的形象刻画，来抒发情怀，缘物寄情。无论是郑板桥的竹，还是朱耷的小鸟、荷花，都是喻人品格、表我情意。中西绘画的相同点都是尊重自然“外师造化”，但不同点是中国画更偏重于主观表现，西画更注重客观写实性。从视觉效果看，中国画是一种虚拟的真实，传达一种“不似之似”的神似；西画则是一种逼真的真实，追求一种如幻如真的视觉效果，如图 5-7 ～图 5-9 所示。

图 5-7　近代　吴昌硕　葫芦图

图 5-8　细雨　来楚生作

图 5-9 ［荷兰］向日葵 梵高作

从下表中可以分析中国画和西画的不同特点。

中国画的特点	西画的特点	中国画的特点	西画的特点
重主观艺术表达	重客观科学真实	重虚拟性	重真实性
重线条美	重体面光影	重诗情画意	重典型形象
重神似	重形似	重平面的位置经营	重空间的主体塑造
重韵律美	重质量形美	移动灵活的透视法	定点透视法
重动态美	重静态美	—	—

五、讲究程式美和高度意匠表现

长期以来，中国画家追求一种程式美，重法度、重概括。艺术不是生活的本身，画家对形式美规律的掌握和运用，是对生活长期的体验、提炼、积淀概括形成的一种艺术程式。这种程式都有其特定的历史文化、民族传统、审美观念，因而有很鲜明的民族特点。也只有这种民族的东西，才是有生命价值的，才成为世界艺术奇葩之一。

中国画的意境创造，首先是作者的生活感受、形象思维、艺术理想等一系列内功的结果。同时还必须进行反复的高度的艺术加工，要求作者苦心经营、呕心沥血、匠心独运，为之高度意匠。正如唐代大诗人杜甫说："意匠惨淡经营中"、"语不惊人死不休"，又如古人云："搜尽奇峰打草稿"，都说明画家在表现自然时下的苦功，创作中极严肃的态度。

中国画意匠的手段很多，主要有：一是要有丰富的想象力。如"云想衣裳花想容"、"芙蓉如面柳如眉"等都是古人想象力的诗句，这就是艺术高度意匠的手段之一。二是要异乎寻常的夸张。夸张是为了使形象的特点更加突出感人。如"白发三千丈，缘愁似个长"，"天长地久有时尽，此恨绵绵无绝期"这样的诗句都夸张地引发情感。中国画创作中，为了充分表现作者的感受，山可以更高，水可以更急，花可以更红，树可以更密。只有超常的夸张，才能使观者印象深刻，才能使人们得到艺术上的满足。三是大胆取舍。艺术作品不是现实物象，为了突出主要形象，次要的、不重要的东西要大胆剪裁。中国画讲究“计白当黑”，十分注重空白，以空为有，以少胜多，以虚代实，目的是给观者留有余地，展开想象，达到“此时无声胜有声”的意境。

中国画必须姓“中”。作为一名中国人，我们应该为古代绘画感到骄傲，我们必须了解中国绘画的优秀传统。同时作为后人，也有责任发展、创新我们的传统绘画，继承传统，推陈出新，使中华民族绘画更加光辉灿烂，为中国、为世界艺坛作出更大的贡献。

第二节 工笔花鸟画小品基本技法

一、工具与材料

（一）笔

工笔画用笔通常分为硬毫、软毫、兼毫三大类。硬毫的笔挺拔富有弹性，适于勾勒线条，如“小红毛”、“叶筋笔”、“衣纹笔”。软毫笔质地柔软，适于渲染着色，如“纯羊毫提笔”、“白圭笔”。兼毫笔是由软毫与硬毫合制而成，性质在刚柔之间，勾线染色皆宜。

（二）墨

工笔画多用油烟墨和松烟墨两种。油烟墨墨色有光泽，浓淡变化丰富；松烟墨墨色无光，多用于渲染毛发和打底。

（三）纸

工笔画多用熟绢和熟宣。熟绢，质地轻薄透明，柔韧性强；熟宣，适于多次渲染。

（四）砚

砚台要选择质地细腻，湿润，容易下墨、不吸水的。如广东出产的端砚和安徽出产的歙砚。

（五）颜料

工笔画常用颜料可分为石色和植物色两类。石色厚重、覆盖力强，如石青、石绿、朱砂、赭石等；植物色也叫水色，色薄透明，如藤黄、胭脂、曙红、花青等，白色由牡蛎壳制成。

（六）其他工具

其他工具包括调色盘、画毡、笔洗、胶、矾等。

二、范画欣赏

（一）工笔牡丹的设色步骤

1. 勾勒线稿

根据花卉各部位之间质感的不同调整勾线的墨色，淡墨勾勒花头，中墨勾叶、茎，如图 5-10 所示。

2. 淡色铺底

白色罩染花头，淡墨分染叶、茎，花青继续分染正叶，如图 5-11 所示。

图 5-10 牡丹设色步骤一

图 5-11 牡丹设色步骤二

3. 逐层分染

先用曙红按花头的明暗关系通染花头，然后分染；正叶用花青继续分染，留出水印，然后用草绿罩染；反叶用草绿分染，留出水印；茎用草绿分染，如图 5-12 所示。

4. 深入刻画

用曙红继续分染花头；正叶用淡花青勾勒叶筋；反叶用淡草绿勾勒叶筋；胭脂提染茎；用浓白粉调藤黄点花蕊，白粉勾花丝，如图 5-13 所示。

图 5-12 牡丹设色步骤三

图 5-13 牡丹设色步骤四

（二）工笔荷花的设色步骤

1. 勾勒线稿

淡墨勾勒花头及莲房，中墨勾反叶及水草，重墨勾荷叶的正面，如图 5-14 所示。

2. 淡色铺底

白色平涂花头；荷花的正面用花青平涂，反叶用草绿平涂，然后用淡墨平涂正反叶，如图 5-15 所示。

图 5-14　荷花设色步骤一

图 5-15　荷花设色步骤二

3. 逐层分染

用花青调三绿分染花头；花青分染莲房和正叶，留出水印；草绿分染反叶，留出水印；用曙红、草绿染水草，如图 5-16 所示。

4. 深入刻画

白色勾勒出花脉，藤黄调曙红渲染莲房的周围，等颜色干透后，用白粉调藤黄点花蕊，白粉勾花丝、点花药；朱砂分染反叶，赭石分染荷叶的残破边缘处，如图 5-17 所示。

图 5-16　荷花设色步骤三

图 5-17　荷花设色步骤四

（三）工笔鸟类的设色步骤

1. 勾勒线稿

根据鸟的各部位颜色的深浅和质感的不同，调整线条的墨色。重墨勾眼，中墨勾嘴、翅、尾、脚，其余部分均用淡墨勾勒，如图 5-18 所示。

2. 染底色

用墨分染枕羽、初级飞羽、脚及尾部，浓墨点睛，如图 5-19 所示。

图 5-18 鸟类设色步骤一

图 5-19 鸟类设色步骤二

3. 逐层分染

先用朱砂分染小覆羽和中覆羽，再用藤黄罩染全身，用曙红分染嘴，罩染脚，如图 5-20 所示。

4. 深入刻画

朱砂分染头、颈、背、翅、腹、尾的结构处，淡墨罩染初级飞羽和尾部，白色提染眼、嘴，最后用白色调藤黄染丝毛，如图 5-21 所示。

图 5-20 鸟类设色步骤三

图 5-21 鸟类设色步骤四

（四）工笔花鸟的设色步骤

1. 勾勒线条

根据表现物体质感的不同，勾勒线条。重墨勾鹦鹉的眼，中墨勾嘴、翅、尾、脚，其余部分均用淡墨勾勒。中墨勾勒山楂的叶片，中墨勾山楂，逆风焦墨勾枝干，如图 5-22 所示。

2. 淡色铺底

用墨分染初级飞羽，朱砂分染枕羽、尾部，用曙红分染嘴、眼、腹部，罩染脚，浓墨点睛，再用三绿罩染全身。

草绿调朱砂平涂山楂树的反叶，草绿平涂正叶，然后用草绿分染反叶，花青色分染正叶，用曙红平涂山楂，赭石平涂枝干，如图 5-23 所示。

图 5-22 花鸟设色步骤一　　图 5-23 花鸟设色步骤二

3. 逐步分染

用草绿涂染鹦鹉的身体，然后用草绿分染鹦鹉的头部。正叶用花青继续分染，留出水印，反叶用草绿分染，留出水印；枝干用朱砂分染，用曙红分染山楂，如图 5-24 所示。

4. 深入刻画

用曙红分染鹦鹉的脚，淡墨染丝毛，再用三绿调白粉二次染丝毛。用朱砂从反叶的叶尖向叶根处分染，然后用草绿罩染正叶与反叶，最后正叶用淡花青勾勒叶筋，反叶用淡草绿勾勒叶筋，如图 5-25 所示。

图 5-24 花鸟设色步骤三

图 5-25 花鸟设色步骤四 宋琳作

工笔花鸟画范图如图 5-26 ～图 5-29 所示。

图 5-26　荷花　徐绍田作

图 5-27　山茶花　徐绍田作

图 5-28　牡丹　徐绍田作

图 5-29　相依图　徐绍田作

思考与练习

1．临摹工笔花卉三幅。

2．临摹花与鸟结合的小品画两幅。

3．作工笔花鸟小品创作练习两幅。

第三节 写意花鸟基本技法

一、花鸟画的发展与演变

中国花鸟画历史悠久，源远流长。在《诗经》中，我们的祖先已借歌咏花鸟来表达自己的爱憎情感。中国花鸟画为花写照，为鸟传神，达到了与大自然融洽无间的境地。这在世界艺术史上是无与伦比的。

最早的花鸟画，可追溯到新石器时代的新陶艺术，距今约有五千年的历史。这些图案的形式，与其文化形态一样，都是源于劳动和现实生活的，如图 5-30 所示。

图 5-30 鹳鱼石斧图彩陶

从花鸟画的出现，到成为独立的画种，一般认为是魏晋、南北朝时代，其绘画遗迹，主要是石窟和墓室壁画。据张彦远的《历代名画论》中记载，当时已出现了卷轴画，并有专门的画花鸟的名家。

花鸟画发展到唐代，由于政治稳定、经济繁荣，文化艺术空前活跃，出现了一些名家。这时的花鸟画已成为宫廷和民间普遍欢迎的画种。

花鸟画在五代、两宋时期是成熟期。这一时期名家辈出，各具风格，成为花鸟画的鼎盛时期。代表人物主要是五代的黄荃和徐熙，如图 5-31 和图 5-32 所示。

图 5-31 五代 黄荃 写生珍禽图卷

图 5-32 五代 徐熙

黄荃 成都人，是一位深受皇家赏识的画家，画作大多是宫苑的珍禽异卉，精雕细琢，富丽工巧，故有“黄家富贵”之称。

徐熙 江宁（南京）人，出身“江南贵族”，画史称他是性情中人，“淡泊宁静”，作画无格，不拘小节，多以野外自然景色为主，故被称为“徐家野逸”，与黄荃史称“黄家富

图 5-33 北宋 赵佶 芙蓉锦鸡图

贵，徐家野逸”。再后来这两种风格影响至今，形成两大画派，即“工笔”和“写意”，把中国花鸟画推向一个崭新的阶段。

宋代是古代绘画空前发展的黄金时期。特别是宋徽宗赵佶，作为皇帝他是昏庸无能的，但是他酷爱绘画，发展并创立了宫廷皇家画院，开科命题，搜罗人才，给予职衔和优厚待遇。他的传世佳作是《芙蓉锦鸡图》。

到了元代，花鸟画“变格”，出现了一批文人士大夫画家，作品以追求笔情墨韵之趣，不求形似，不着颜色，多用水墨表现高雅情调。画以梅、兰、竹、菊、鸟、鱼、草、虫为主，抒发君子之志。这就是元代的“文人画”，如图 5-33 和图 5-34 所示。

明、清时期的绘画以水墨写意为主。这一时期出现了很多画家，如明清写意花鸟大家沈周和唐寅、徐渭、董其昌、朱耷、石涛、任伯年、吴昌硕以及“扬州八怪”等。大写意花鸟画到了发展的高峰期，如图 5-35 和图 5-36 所示。

近代花鸟画随着时代的变更而变革，绘画也在发生着变化。国人逐渐重视艺术教育，创办了专门的美术院校。这个时期有影响的画家有：齐白石、徐悲鸿、陈之佛、张大千、李苦禅、林风眠，潘天寿。他们继往开来，以大自然为师，把花鸟画推向了一个新阶段，如图 5-37 和图 5-38 所示。

当今中国画坛更是名家群起，百花齐放。我们应该提倡一种大花鸟精神，创新、发展我们的国宝艺术——中国花鸟画。

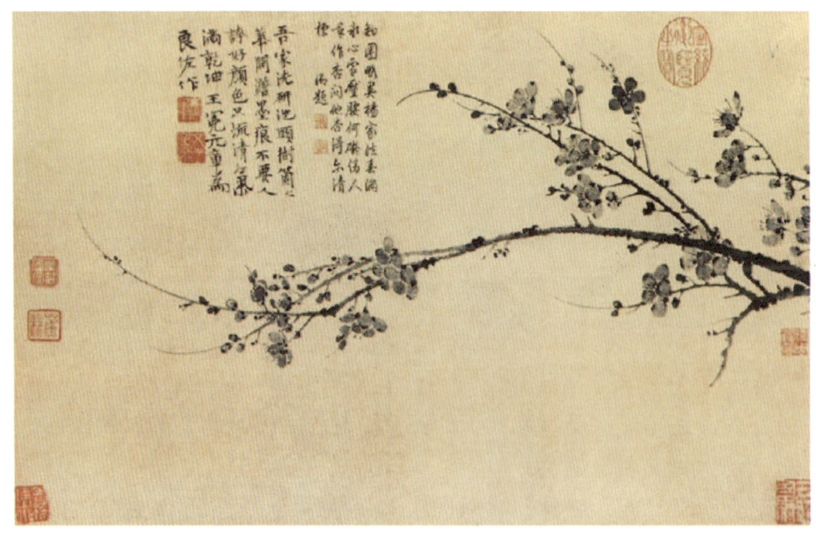
图 5-34 元代 王冕 墨梅图

图 5-35 清 虚谷 松鹤延年

图 5-36 明 徐渭 墨葡萄图

图 5-37 现代 李苦禅 高瞻远瞩

图 5-38 现代 徐悲鸿 马

二、写意花鸟画常用的工具及保养

（一）毛笔

中国画笔称毛笔，种类繁多。从性能上可分为三大类：硬毫，软毫，兼毫。硬毫笔一般有狼毫、鹿毫、獾毫、猪鬃、鼠毫、鸡毛等。硬毫笔富有弹性，适于勾线和皴擦为主。软毫一般为羊毛笔，吸水性强，适合着色和渲染用。兼毫是兼有以上两者成分的笔，勾线染色都很合适，如图 5-39 所示。

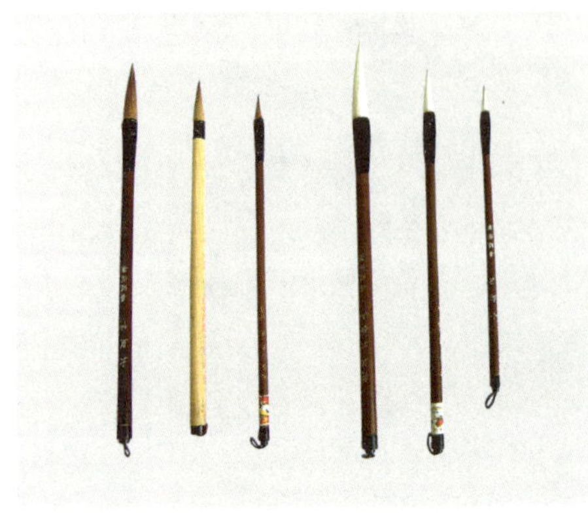

图 5-39 各类毛笔

毛笔的质量一般用“尖、齐、圆、键”四字来概括。“尖”即笔有锋尖，“齐”指毫毛齐整，“圆”为笔锋成圆锥形，“键”指毫毛富有弹性。各种笔分大、中、小号，要一一备全。

对毛笔要注意正确使用和保养：①新笔头都有轻胶粘合，用时要用水浸泡后，用手轻轻捻开，洗去胶质，方可蘸墨或色使用。切不可用热水烫笔头，以免笔毛脱落。②作画完毕，毛笔要用清水洗净，用废宣纸吸去水分，顺平笔头，把笔挂起来或用竹帘卷起来晾干。切不可把毛笔长期泡着或插在笔洗里边。③新笔长时间存放要用卫生球防蛀。旧笔长时间不用，可带墨存放，因为好的墨汁和国画色都可防蛀虫。

（二）墨、色、砚

中国画以墨为主，墨的运用已有悠久的历史，对制墨和用笔都非常讲究。古人作画都采用墨锭（墨块）磨用。墨锭分油烟、漆烟、松烟三类。墨色以质细、色乌、胶轻者为上。现在常用的一般是墨汁，如“书画墨汁”、“一得阁墨汁”、“红星墨汁”等。

中国画颜色种类很多，常见的是马利牌中国画颜料，锡管装，也有精致瓶装的。一般分为两大类：动植物质和矿物质。动植物质色质透明，主要有花青、藤黄、胭脂、曙红、大红、酞青蓝。矿物质色不透明，有覆盖力，主要有三青、三绿、赭石和锌酞白等。

砚，研墨用的工具，古人常用。形状各异，以质坚细、滋润、发黑为佳。著名的砚台有广东的端砚，安徽的歙砚。初学画者多以白色的盘子和调色盘为主，如图 5-40 所示。

（三）宣纸

中国画作画用的纸是宣纸。主要原料是稻草、檀树皮。宣纸主要用于书画和字画装裱。宣纸有生宣、熟宣之分。生宣是没有加工的，着墨后有渗化、洇的效果。一般有净皮、棉料、单宣、夹宣等，适合画写意画。另一种是熟宣，加胶矾加工处理的，不洇、吸水差，常用于工笔重彩和白描。宣纸规格的叫法，100 张为一刀，长宽通常为尺，常见的规格有 3 尺、4 尺、6 尺、8 尺、丈二匹等。

（四）其他工具

除以上主要材料外，还有画毡、笔洗、枕纸、笔帘、印泥、篆印等，都是作画时必不可少的辅助工具，如图 5-41 所示。

图 5-40　墨、色、砚

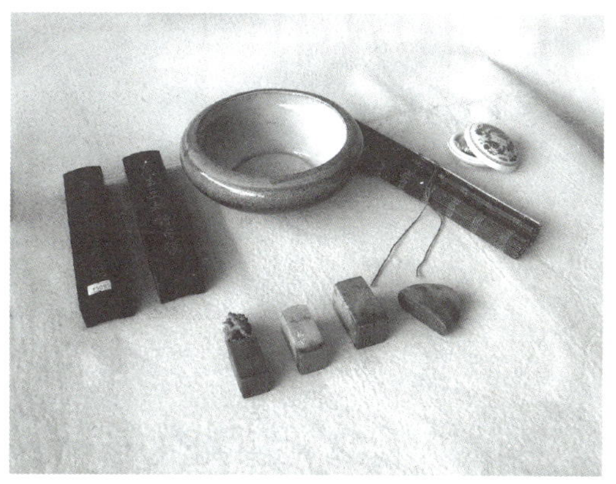

图 5-41　辅助工具

三、写意花鸟画的造型语言——用笔用墨

笔墨美是中国画的精华，在写意花鸟中表现得最为明显。古人早就有“笔骨墨肉”之说，笔是墨的筋骨，墨是笔的血肉，两者密不可分，相辅相成。好的作品对笔墨要求精道、严谨、有法度，同时我们还要做到“笔墨当随时代”，这样我们才能不断发展、不断丰富、不断创新中国花鸟画艺术。

（一）用笔法

谢赫在六法论中把“骨法用笔”放在第二位，说明古人对用笔的重视。“骨法用笔”是指以线造型，即通过用线，体现出线所具有的变化和节奏。

线由笔出，用笔千变万化，若无穷尽。画到熟时，能随心所欲地表现物体的形态结构，又表现画家的意象情趣。要会用笔，必须有正确的执笔方法，要做到指实掌虚，运气到手腕手指，拇指、食指握笔，转动运作，中指起勾的作用，无名指起挑的作用，如图 5-42 所示。

用笔讲究一个“力”字和“变”字。“力”就是有力度，线条要表现出力量感，不可软弱、轻飘，要笔笔送到、力透纸背、入木三分。“变”就是不但要有力还要富有变化，灵活，要有生动感。古人通过艺术实践，找到了用笔的基本规律，即“一波三折”的用笔法。“波”是指起伏的形态，“折”是指笔的方向变化。以一条线为例，起伏变化为波，欲右先左为一折，右行为二折，收尾回锋为三折，合为三折如“一”，也就是用笔中的起笔、行笔、收笔三个动作，如图 5-43 所示。

“一波三折”的用笔方法如同写字一般，所以古代绘画术语中常出现与“写”有关的词，如写神、写心、写意、写真、写照、写形、写生等。“一波三折”的用笔，产生了具有

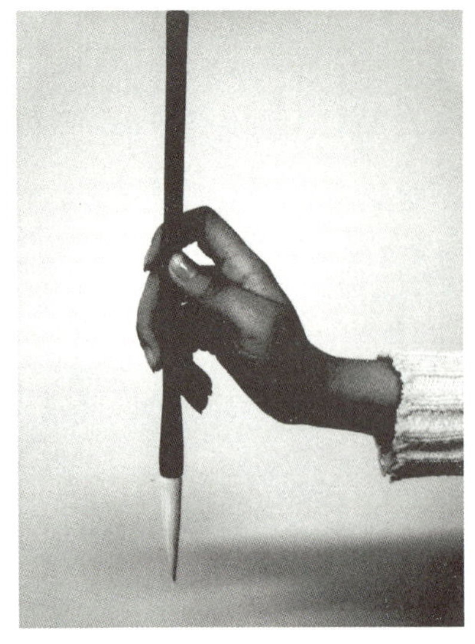

图 5-42 执笔方法

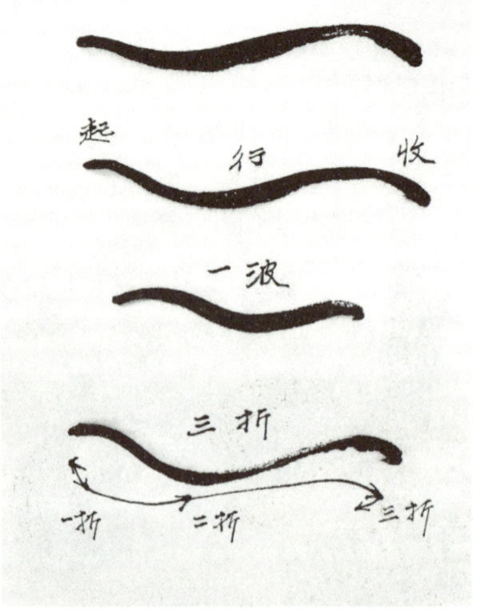

图 5-43 一波三折

中国风格和中国气派的独特艺术表现方法，需要我们认真继承和发扬。

具体用笔方法有中锋、侧锋、藏锋、顺锋、逆锋、拖笔、折笔、揉笔、颤笔、点笔、方笔、圆笔、干笔、湿笔等。

中锋——亦称正锋，执笔较端正，笔杆垂直于画面，笔锋处于笔划中间，如棉里藏针。笔划圆润而浑厚，有力度，像写正楷，如图 5-44 所示。

侧锋——亦称偏锋，执笔稍倾斜，笔锋偏在点画的一侧。笔画方棱挺劲，有变化，像写隶书，如图 5-44 所示。

藏锋——又叫裹锋，用笔时将毛锋捻裹在笔划之中，靠腕力捻笔收拢点线。画图形花朵、果子多用之，如图 5-44 所示。

顺锋——笔杆倾斜向右，自左向右画出自然的线条，其倾斜方向与运行方向一致。线条自如、流利，如图 5-45 所示。

逆锋——笔杆倾斜、卧倒，笔锋在前，笔杆在后，戳笔逆行。线条干枯不匀、变化多端。画枯枝老干用之，如图 5-45 所示。

拖笔——笔锋全部卧倒在纸上，笔杆倾侧方向与运行方向一致，拖着笔锋前进。表现出的线条，粗细均匀、简朴直率。多用于枝条类植物画法，如图 5-45 所示。

折笔——通过顿笔、挫笔、翻笔，改变运行方向，转折自如。多用于变化多端的枝干，如图 5-45 所示。

颤笔——如“屋漏痕”，笔尖或笔肚用力，抖动运行，积点成线，表现顽强的力量感，如逆水行舟，笔断意连，有苍劲感，如图 5-45 所示。

揉笔——笔锋落到纸上后，用力旋转、揉动，并多以散头为主。主要表现杂草、土坡和丛林，如图 5-46 所示。

点笔——笔尖、笔肚用力，自上而下垂直落于纸上，或轻、或重、或大、或小、或干、或湿，有时如蜻蜓点水，有时如高山坠石。多表现苔类植物和雨雪效果，如图 5-46 所示。

图 5-44　中锋、侧锋、藏锋　　图 5-45　顺锋、逆锋、拖笔、折笔、颤笔

方笔——侧锋画出，笔画棱角外露呈方形，厚重而遒劲，如同书法中的魏碑。多用画劲枝、石坡，如图 5-46 所示。

圆笔——中锋用笔，起、行、收笔皆用中锋，笔画厚实而圆浑，如同书法中的篆书。像古代“十八描”中的铁线描，用笔如锥画沙。多用于藤蔓类植物，如图 5-46 所示。

干笔——笔锋中含水分较少，笔画干燥、苍劲，有较多的飞白效果。宜画枯干、古石的皴擦，如图 5-46 所示。

湿笔——笔锋含水分较多，笔画滋润浑厚，有鲜嫩、毛绒和虚拟的效果。多画花瓣绒毛类，如图 5-46 所示。

以上只是常用的笔法，绝非一成不变的教条，要在实践中灵活运用，并不断创造新的笔法，来表现现实生活中有时代特色的景物。

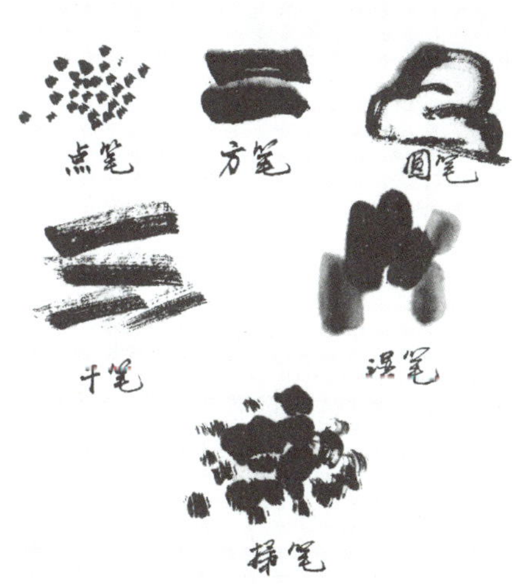

图 5-46　点笔、方笔、圆笔、干笔、湿笔、揉笔

（二）用墨法

笔墨在唐代以前并没分开，唐代开始出现水墨的表现方法，遂有了墨法的研究。用墨是中国画的另一大特色。

用墨也要兼顾到用笔、用纸、丝绢以及空气水分的因素。古人所说的“墨分五彩”、“墨分六色”都是指墨色的深浅、干湿变化。下面就两方面讲述花鸟画的墨色用法。

(1) 墨的分类

浓墨——是整幅画的精神所在。浓墨的运用既要“醒目”又“不孤立”。浓墨块要见笔度，要有韵味；应稳重、谨慎处理，切不可混沌一片，死墨一团，如图 5-47 所示。

淡墨——取浓墨少许加水，水多则更浅，成浅色淡墨，这是“中解”、“中和”、“过渡色”，也就是画面中黑白灰中的灰色，变化丰富，给人以“安详”、“平和”、“深远”的情感意味，多表现“简淡”、“空灵”的境界。淡墨运用颇难，要淡而厚，淡中有神，运用好了会有宝石般的晶莹透明，备觉珍贵。笔实则墨沉，笔飘则墨浮，用不好会“淡墨伤神”，如图 5-47 所示。

干墨——干墨的用法，可浓可淡，即有浓干墨、淡干墨之分。干墨无论是深是浅，画在纸上都会有干枯、老辣、色厚之感，使用得当，光彩照人。多用于古石、老树、枯枝、败叶，如图 5-48 所示。

图 5-47 浓墨、淡墨

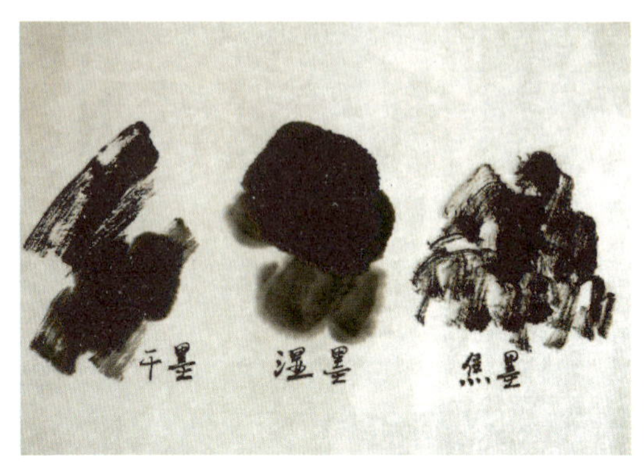

图 5-48 干墨、湿墨、焦墨

湿墨——湿墨是含水分较多的墨，也有深浅墨、重湿墨之分。用笔时有湿淋淋的、大有欲滴之势，即常说的笔墨淋漓、墨色交融。湿墨虽湿却要见笔力。干笔与湿笔运用得当，则出“干裂秋风，润含春雨”的佳境。此法多用于画荷叶、大芭蕉叶、雨竹等，如图 5-48 所示。

焦墨——加水分很少的墨色，用笔时在纸上几乎是拖不开笔，多画出“飞白”的效果。用好了苍劲有力，与众不同。此墨要少用，虽是焦墨但不可枯燥、杂乱。如大写意中松、石、鹰、鸡等有气势雄健的物象，是离不开焦墨的，如图 5-49 所示。

(2) 用墨的方法

破墨法——破墨法是写意画中最主要的方法。即在第一遍墨色涂上之后，趁墨未干时再在上面用浓墨、淡墨、颜色或清水去画，使其相互渗化，达到一种自然变化的味道，增强墨色气韵。常用的破墨法有以浓破淡、以淡破浓、以墨破色、以色破墨、以干破湿、以湿破干等方法，如图 5-50 所示。

积墨法——用淡墨重墨一遍遍地画，多次积叠。一般先画淡墨后加浓墨，大多要等第一遍干透后画第二遍，第二遍不要把第一遍全部掩盖，以追求层次分明又浑厚丰富的效果，如图 5-51 所示。

泼墨法——运用大提斗笔，饱蘸墨汁，一遍画就，似泼在纸上一样，或挥扫，或涂抹，“应乎随意，倏若透化”，画出各种物象的神志，画出水墨生意盎然的意境和情味。泼墨法笔简意足，意在笔先，形在其中，要做到“大胆落笔，细心收拾”。常用于墨荷、芭蕉叶等大面积植物，如图 5-52 所示。

用笔、用墨、用色都要结合用水法。中国画的笔墨艺术，又是用水的艺术。水、墨、

图 5-49　兰草 石建勋作
用浓、淡、干、湿、焦墨法产生的变化效果

图 5-50　破墨法

色徜徉流连，精妙绝伦。

用色法与用墨法相同，但中国画重墨不重色。在用色上中国画有鲜明的民族特色和用色规律，追求的是“随类赋彩”。“类”是抽象的概念，不是某个物象，如白荷花、白牡丹、白梅等白色的花，月光下、阳光下都是白色。“赋彩”就是依据这一客观设色，不考虑光色、环境色，重视固有色和明度变化，强调大对比，“写意性”而不是“写实性”。

图 5-51 积墨法

图 5-52 泼墨法

四、写意花鸟画表现技法

写意花鸟画常用的技法有点染法和勾染法。

（一）点染法

点染法是写意花鸟画主要的表现技法之一，是指用毛笔蘸墨或色直接点染而成的画法。此法主要的特点是落笔成形，下笔就是，一笔下去，不能涂改。通过墨色的干湿浓淡变化，以及笔法的刚柔、轻重、顿挫等因素，既要表现花卉的形态和质感，又要表现作者的情感。因此作画时要意在笔先，胸有成竹，要求作者对所描绘的形象十分熟悉，并经过仔细分析，找出特征，默记于心，作画时才能大胆落笔，下笔成形，一气呵成，笔笔连贯，气势衔接。点染时要注意调墨、调色、蘸墨、蘸色、蘸水的技法，严格控制墨色在纸上的渗化效果。点染法适合表现单瓣独头的小品花鸟，如图 5-53 所示。

图 5-53 点染法

点染的技法还可细分为点染、点簇、点渍、套点等方法，同时各种点染法相互运用，可达到更加理想的效果。点簇法更加随意，笔触较小且变化丰富，似不经意而饶有生趣。

多用于表现成组、成片、成穗和复瓣的花。点渍法是先点染后趁未干时再多次点染，以求表现丰富而厚重的变化。套点是指第一遍点染干了以后，再在上边套点一遍，但不是完全重复，而是错错落落，以补不足，增强层次变化。

图 5-54 中的丁香花分别运用点染、点簇、点渍、套点等法，达到丰富、厚重多变的效果。

图 5-54 丁香花 石建勋作

（二）勾染法

勾染法也是写意花鸟画中常见的技法，即勾染结合的方法。它不像工笔白描的双勾，那么工整、严谨、细腻，而是笔随意转，笔墨线条更加概括、洗练、富有变化。勾染法执笔要求灵活，指、腕、肘交替并用。墨色浓淡干湿，线条虚实、深浅、粗细笔法多变。还经常运用挑、剔、拖、捻、转等笔法。勾染法可以边勾边染，先勾再染、先染再勾，相互结合，变化丰富，可产生更加生动的冲击效果，如图 5-55 所示。

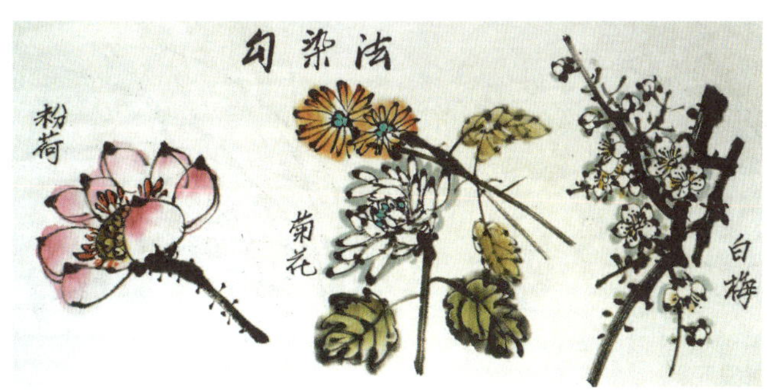

图 5-55 勾染法

图 5-56 中菊花就是运用先染再勾的方法。图 5-57 中橘红色果子和枝干则是运用先勾再染的方法，勾染结合，变化非常丰富。

图 5-56 菊花 石建勋作

图 5-57 花鸟 石建勋作

五、写意花鸟小品画法

写意花鸟画小品在中国画中经常见到，许多国画大师也经常试画、练习。“小而精”，同样能达到较高的艺术感染力。

（一）花的结构及画法

花是花鸟画中主要的描绘对象，类别众多，可归纳为直立草本类、直立木本类和藤蔓类。花朵千姿百态，典型的花朵由花柄、花托、花萼、花瓣、花蕊组成。

直立草本类：比木本花卉枝干矮小，花叶脆弱柔媚。主要有菊花、兰花、荷花、水仙等。

兰草的画法如图 5-58 ～图 5-61 所示。

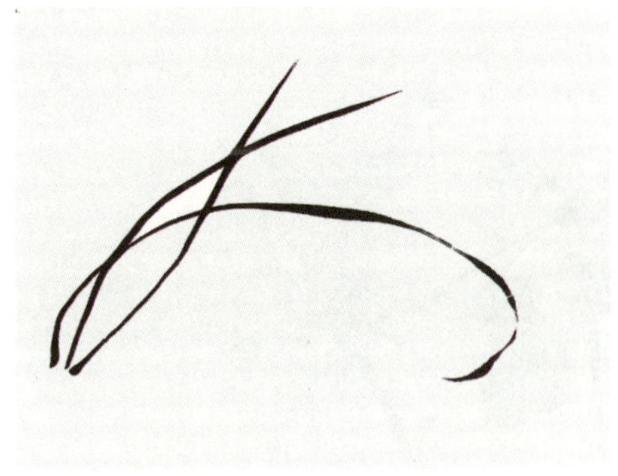

图 5-58 兰草画法步骤一

图 5-59 兰草画法步骤二

图 5-60　兰草画法步骤三　　图 5-61　兰花　石建勋作

叶（草）：用硬毫毛笔蘸重墨，根据穿插规律“一撇、二交、三破”，长短不齐画出叶的姿态变化，同时注重每一组的疏密结合。

花：兰花五瓣，花姿优美，色彩鲜嫩，多用软毫笔画。一笔多色，变化丰富。

茎：茎圆润有力度，并注意把花朵连接起来。

待花快干时，点上花托、花蕊，题款、落印完成画面。

直立木本类：木本花卉属高大乔木、灌木，种类更多，主要有木棉、梧桐、山茶、梅花、桃花、杜鹃、玉兰、枇杷、牡丹等。

红梅的画法如图 5-62 ～图 5-65 所示。

图 5-62　红梅画法步骤一

图 5-63　红梅画法步骤二

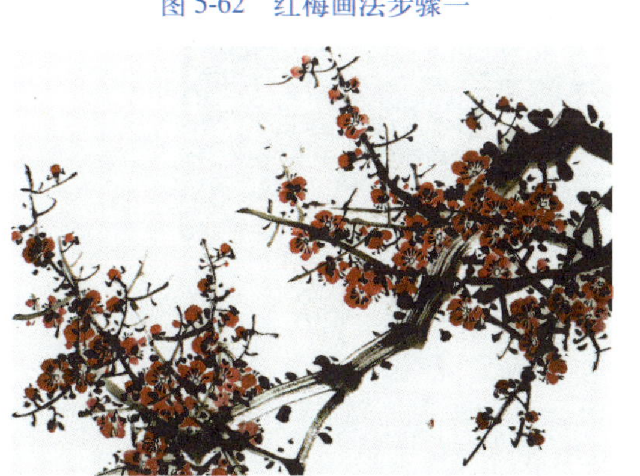

图 5-64　红梅画法步骤三

图 5-65　梅花报春　石建勋作

干：用大斗笔蘸墨后，水分少而干画出大干，再用小笔重墨画出挺而直的小枝干。注意枝干的疏密变化和穿插变化。

花：用大白云，先蘸朱砂，后蘸曙红，组合画出。待快干时用勾线笔重墨点出花蕊。

大干上长出小枝，点上花蕾，花蕾及花的周围点出花托、花萼，枯枝老干点上苔点，增加生机感。

整体把握画面，衬竹，题跋，盖印，完成画面。

藤蔓类：藤本和蔓本花卉也是花鸟画经常表现的题材。主要有紫藤、凌霄、葡萄、牵牛花、葫芦、丝瓜、南瓜等。

紫藤的画法如图 5-66 ～图 5-69 所示。

图 5-66　紫藤画法步骤一

图 5-67　紫藤画法步骤二

图 5-68　紫藤画法步骤三

图 5-69　紫藤　石建勋作

紫藤是蔓生落叶藤本植物，属豆科。春天开花，花色有紫、白两种，花谢结实为荚，叶互生，呈羽状。藤干虬形屈曲，附着盘绕。紫藤以特有的虬盘之貌和串花幽香与百花媲美，是历代画家笔下的传统题材，深受群众喜爱。

紫藤花，花朵下垂成串，长一尺左右。花盛开时，花瓣上翻，三瓣连续，像蝶形，白蕊黄晕，串花成锥形，紫色，上浅下深。

花用大白云笔蘸白色、胭脂以及少量酞青蓝画出，注意要见笔和组合变化，同时要留出串状感。未开或半开的花色略重，多用胭脂和酞青蓝调和。茎用勾线笔画出，轴茎多为赭石和三绿调和，注意笔力和疏密变化。同时调胭脂和墨，点出花托。待花半干时，用白和藤黄点上花蕊。

藤用长锋狼毫笔，蘸重墨缠绕画出，注意主次穿插、疏密变化、深浅结合、粗细结合。

叶子在开花时较少，用兼毫笔，调赭石、藤黄、花青，没骨点出，注意排列变化，待未干时，勾画叶脉。

整体把握画面，在老干上点苔点，补衬小鸟，题款，落印，完成画面。

（二）鸟的结构及画法

鸟是花鸟画的主要题材。中国历代画家有着表现鸟类的兴趣，渲染出“鸟语花香”的意趣，寄托对幸福生活的向往。

鸟属卵生脊椎动物，躯体像一个梭形，前肢演化为一对翅膀，全身被羽毛，主要由嘴、头、颈、躯干、翅膀、尾巴组成。鸟的种类很多，结构特点各异。我们主要学习小鸟类的麻雀和大鸟类的丹顶鹤。

小鸟类——麻雀的画法如图 5-70 ～图 5-73 所示。

选用兼毫笔，蘸赭石色，略加墨，点出鸟的半圆形头部，用重墨画眼睛、嘴巴。

用侧锋两笔画出鸟的躯干，再用重墨画出翅膀以及尾巴并点上花纹。

用淡墨画出腹部软毛以及大腿。

用勾线笔蘸重墨画出颈部花纹和爪子。题字，落印，完成画面。

大鸟类——丹顶鹤的画法如图 5-74 ～图 5-77 所示。

丹顶鹤又称仙鹤，是大型的珍贵涉禽。长颈呈灰褐色，雌鹤和雄鹤的外形及颜色一致。躯干白色，尾部黑色羽毛不是尾羽而是三级飞羽。头颈有肉瘤为朱红色。

图 5-70　麻雀画法步骤一　　图 5-71　麻雀画法步骤二

图 5-72 麻雀画法步骤三

图 5-73 麻雀 石建勋作

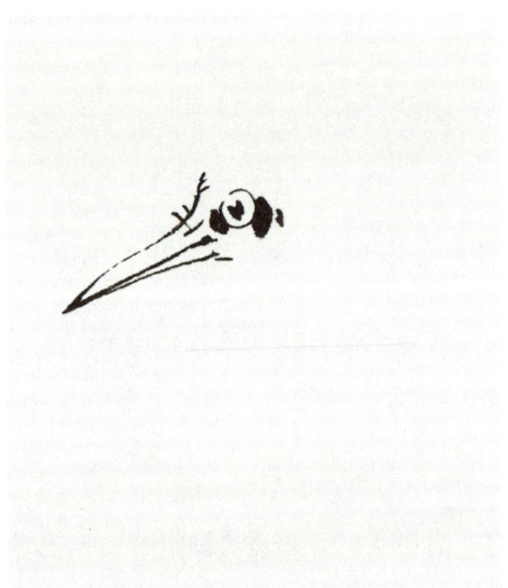

图 5-74 丹顶鹤画法步骤一

图 5-75 丹顶鹤画法步骤二

图 5-76 丹顶鹤画法步骤三

图 5-77 丹顶鹤 石建勋作

用小勾线笔，勾画出上嘴、下嘴、鼻孔、眼睛，并点出眼衬。

用大笔浓墨画出丹顶鹤黑白相间的脖颈。

用淡墨干笔画出鹤的身躯、翅膀、羽毛以及腹部和大腿。

用大笔重墨画出黑色的翅膀，深色的腿、爪和花纹。用朱砂给鹤点上丹顶，染嘴，染眼，题字，落印，完成画面。

（三）花鸟画的创作

“艺术源于生活”，中国画讲究“外师造化，中得心源”，大自然中的一草一木、一花一鸟都是我们要观察和描绘的对象。我们要创作出好的作品，必须经常在生活中写生、观察、手写心记，要善于发现美、概括美、表现美。

临摹：是从古代优秀作品中汲取传统技法，运用于创作中。师古人而青出于蓝而胜于蓝，方能脱窠创新，如图 5-78 和图 5-79 所示。

图 5-78　清代　朱耷　双鹰图

图 5-79　临摹作品

写生：通过写生，深入观察、了解物象的结构特点，然后变化为自己的画表现出来。从生活中摄取形象，注重大感觉，删繁就简，师法自然，妙趣横生，造化自然，中得心源，如图 5-80 和图 5-81 所示。

图 5-80 石榴树写生

图 5-81 火红的石榴花

实景与创作：实景真实、杂乱、平白、不概括、无主题。而创作通过夸张、提炼，呈现出变化多姿、主题突出、画面优美并富有诗情画意的艺术效果。鸟语花香的世界，净化人的心灵，振奋人的精神，如图 5-82 和图 5-83 所示。

图 5-82 实景图片

图 5-83 雾锁树林

一幅好的花鸟作品，主要是对社会情调和气氛的反映，也是人们审美情趣的反映。笔墨当随时代，我们应不忘继承传统，更要勇于创新，拿起手中的画笔，去描绘我们的大好山河，赞美我们的家园。

六、中国画作品欣赏

请欣赏中国画作品，如图 5-84 ～图 5-86 所示。

图 5-84　中国画　天寒红叶稀　石建勋作

图 5-85　中国画　情系黄河口　石建勋作

图 5-86　中国画　独恋这片土地　石建勋作

思考与练习

1．作临摹写意梅、兰、菊、竹各一幅。
2．作麻雀、八哥、鹤等鸟类临摹练习，作业三张。
3．作花卉与鸟结合的小品写意画创作练习，作业两张。

第六章
装　饰　画

❖ 本章知识点

1．了解和掌握装饰画艺术特点及在生活中的应用；
2．学习和掌握黑白与色彩装饰画制作工艺与技巧。

幼儿园是一个充满装饰性美感和童真情趣的特殊空间，装饰绘画在幼儿园环境布置、游戏教学中发挥着重要作用，幼儿教师应了解装饰画的艺术特点并能运用装饰画的表现手法。

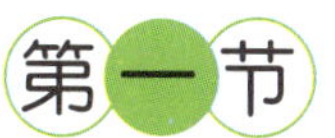

第一节　装饰画概述

装饰画这一概念，是根据其功能定义的，广义上指凡属装饰器物的绘画。它不是一个单纯的画种，因为它不受绘制工具和材料的局限，无论国画、油画、水粉画、丙烯画、版画等都可制作装饰画。可以说装饰画是一个跨越各画种，又有自己独特面貌的绘画艺术。

纵观世界美术发展史，人们会发现，世界各民族的先民在作画过程中，从绘画的形式、内容，到使用的媒介物，都有着惊人的相似之处，那就是由简单的图案向图案式的装饰性绘画进化，形象艺术的原始状态便是装饰画。装饰是人类美感创造的重要手段，当原始人把美丽的海螺和光亮的鱼骨串在一起挂在胸前的时候，装饰美就诞生了。装饰美的进一步发展，是远古时代洞穴和器皿上的装饰纹样。我国新石器时代的精美彩陶及古希腊瓶画等，就是最早的装饰珍品，如图 6-1 ～图 6-4 所示。

图 6-1　敦煌壁画

图 6-2　齿形彩陶瓶

图 6-3 古希腊瓶画

图 6-4 波斯陶瓶

图 6-5 明代 永乐宫壁画

随着人类文明的发展，现代绘画和现代设计的界限逐渐模糊起来，装饰艺术成为两者的综合体。我国传统艺术具有一种独特强烈的装饰风格，不追求写实的造型和光影的变化，用线创造出富有东方装饰美感的意境。而西方现代绘画流派舍弃三度空间的写实束缚，充溢着装饰意趣。马蒂斯曾说：为了画面美的秩序而将对象夸张或变形是必要的。康定斯基强调形与色自身的魅力。以蒙德里安为代表的抽象主义赋予几何造型多重性格，强有力地影响现代装饰艺术的造型观和构成观。毕加索的立体主义进一步为装饰绘画提供了新的形式语言。米罗则运用丰富的点、线符号，创作出更接近现代人审美感受的装饰世界，他曾说：装饰艺术犹如生活的彩练，如果失去它，人类将失去光彩，如图 6-5 ～图 6-9 所示。

图 6-6 康定斯基作品

图 6-7 蒙德里安作品

图 6-8 毕加索作品

图 6-9 米罗作品

从装饰绘画的艺术特点来看，它类似文学中的韵文，戏剧中的歌舞剧，具有程式化的表现方法，遵循“多样统一”的形式美法则，强调韵律和节奏感。构图讲究丰满，在形式上一般以平面为主，构图上有格律式、平视式、立视式、透叠式等；造型上为适合一定的空间和工艺要求，通常以变形为主，人物、植物、动物、风景的变形是装饰绘画的主题内容。装饰画通过对自然形进行概括、简化、规整的加工处理，使形象单纯、简练、平面化，产生匀整、完美的视觉美感。装饰绘画的技法很多，只要灵活地构思、沉着冷静地分析、综合，选择最佳而切题的表达方案，并通过精细的制作，就能把装饰绘画的主题意境表现出来，如图 6-10 ～图 6-13 所示。

图 6-10 学生作品

图 6-11 学生作品

图 6-12 学生作品

图 6-13 学生作品

第二节 黑白装饰画制作

黑白装饰画是装饰画的一个种类，它运用点线面的有机结合，将造型提炼夸张，巧妙处理黑白关系。不同大小的黑白块面，不同长短粗细的线条，不同形状的点，简洁的画面、完美的构成，黑白装饰画以装饰手法表现浓郁的生活情趣，产生无穷无尽的变化，犹如一部交响乐，演奏出美妙的旋律，传达着作者的情感，格调清新，耐人寻味，如图 6-14 所示。

图 6-14 装饰画

一、黑白装饰画中的点、线、面

点是黑白装饰画常用的构成要素，其大小不同且形状各异，具有极强的装饰性，如图 6-15 所示。

线在造型艺术中扮演重要角色。在装饰画中，线还可表现为点的集合，所谓连点成线。线的曲直、粗细、刚柔、穿插的特点传递着安静、跃动、柔美、力量等丰富的审美情感，如图 6-16 所示。

面在绘画中指封闭的图形，也可理解为大面积的点或加粗的线。在黑白装饰画中，面表现为大面积的黑色或白色，如图 6-17 和图 6-18 所示。

二、黑白装饰画中的色彩关系

黑与白属于色彩的两个极端，对比极为强烈。正如美国画家洛克威尔·肯特曾说：黑白最单纯、最醒目，因为在远距离的视觉中，一切中间调子都会消失。简单而纯朴的话语，却最能打动人的心扉。

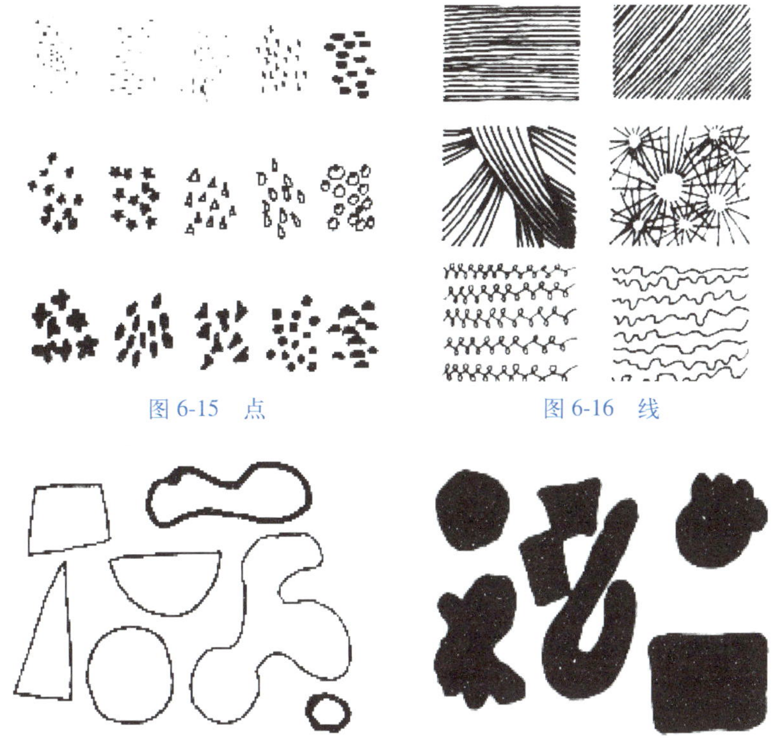

图 6-15 点

图 6-16 线

图 6-17 白色的面

图 6-18 黑色的面

在黑白装饰画中，黑白两色的关系，正如中国传统的阴阳对立统一的观念，相互对立而又统一，你中有我，我中有你，虚实相生。

同时，在黑白装饰画中，通过线条和点的疏密，形成黑、白、灰的色彩关系，如图 6-19 ～图 6-29 所示。

图 6-19 学生作品

图 6-20 学生作品

图 6-21 学生作品

图 6-22 学生作品

图 6-23 学生作品

图 6-24 学生作品

图 6-25 学生作品

图 6-26　学生作品

图 6-27　学生作品

图 6-28　学生作品

图 6-29　学生作品

思考与练习

1. 作黑白风景装饰画两幅。
2. 作黑白花卉装饰画三幅。
3. 作黑白人物装饰画两幅。

第三节 色彩装饰画制作

一、装饰色彩的应用

（一）装饰色彩的特征

1）在观察方法上，装饰色彩与写实性绘画的色彩观念不同，不受光源、环境色及物体固有色的影响，更强调作者的主观设计意识。装饰色彩研究自然景物色彩的形式美，研究运用色彩色相、明度、纯度之间的对比和规律，如图 6-30 和图 6-31 所示。

图 6-30 色相　　图 6-31 明度

2）在表现方法上，写实色彩用较逼真的色彩表现形象，装饰色彩不受自然束缚，可随情感发挥、随意念改变进行主观想象和创造。用色既可大胆鲜明、金碧辉煌，也可单纯概括、素洁高雅。

3）在艺术风格上，写实色彩有真实感，装饰色彩具有间接、抒情、浪漫、夸张的表现性特点。

（二）装饰色彩的配置关系

1. 同种色配置

指在装饰画中运用同一色相，作不同明度的变化。这种色彩配置方法，使画面统一、和谐，具有朴素典雅的美感。在配色时，应注意色彩间的明度对比，避免色彩的同化单调。

2. 类似色配置

色相环相距 90°以内的颜色称为类似色，类似色在色相上不同，但色感比较接近。因为在邻近的色相里都含有同一色相，如红、橙都含有红，所以其配置特点柔和、稳静，也应注意色彩间的纯度和明度对比。

3. 对比色配置

对比色有两种：一是补色对比，指色相环中相距 180°的颜色，为最强烈的对比色配置，如红与绿、黄与紫、橙与蓝等。二是次对比色，指仅次于补色对比的颜色，如红、黄、蓝的配置。对比色配置的特点是醒目、鲜明、饱满，视觉感受强烈，但易杂乱，需要强化各色之间的面积、明度、纯度对比，或运用黑、白、金等色进行间隔，使色相的强烈对比得以调和，如图 6-32 和图 6-33 所示。

图 6-32 学生作品

图 6-33 学生作品

（三）装饰画色调的设计

就像一首乐曲必须有主旋律一样，一幅装饰画作品也有其色彩感觉的总倾向，即色调。装饰画的色调有色相调子、明度调子、纯度调子几种。

色相调子指以某种色或某一类色为主，如暖色调（红、橙、黄等暖色为主），冷色调（以蓝色为主），以红色为主色的红色调或以紫色为主色的紫色调等。

明度调子指装饰画中主要色彩的明度特征和明度组合关系。主色如明度高，会形成明亮的色彩效果，称为高明度色调；主色如明度较低，画面效果厚重沉静，则称为低明度色调。

纯度调子指几种纯度不同的色配置。以色彩饱和度高的色彩为主时，画面鲜艳醒目，称为艳调；以色彩饱和度低的色彩为主色时，画面朴素稳重，称为灰色调，如图 6-34 和图 6-35 所示。

图 6-34 学生作品

图 6-35 学生作品

儿童在装饰画中多喜欢高纯度的色调，如图 6-36 和图 6-37 所示。

图 6-36　学生作品

图 6-37　学生作品

二、传统民间艺术与绘画的色彩借鉴

民间艺术的色彩对装饰画是个极其丰富的宝库，民间色彩多用对比色表达情感，在强烈对比之中寻求一种视觉适宜的和谐美。西方印象主义对绘画色彩作了革命性的贡献，对装饰绘画的色彩设计具有很大的借鉴意义，如图 6-38 ～图 6-42 所示。

图 6-38　江西农民画

图 6-39　杨家埠年画

图 6-40　民间织锦

图 6-41　莫奈油画作品

图 6-42　国画作品　林风眠作

三、色彩风景装饰画

装饰色彩风景画，在造型上不拘泥于自然景物，对景物形象进行夸张变化，表现出装饰意趣。在构图上，有别于传统绘画中的空间表现方法，重视平面化的处理和各形式要素间的疏密、虚实关系。色彩不受绿树、蓝天等写实色彩的约束，通过色彩的巧妙搭配，使画面具有色彩的装饰美感，如图 6-43 ～图 6-51 所示。

图 6-43 学生作品

图 6-44 学生作品

图 6-45 学生作品

图 6-46 学生作品

图 6-47 学生作品

图 6-48 学生作品

图 6-49 学生作品

图 6-50 学生作品

图 6-51 学生作品

四、动物形象装饰画

动物装饰画中动物的造型，将人们对美的追求体现在其中，动物装饰画造型的基本方法有简化、夸张、添画及拟人化等。

1）简化，即舍弃一部分，使形象单纯化，如毕加索画马，对自然形象进行高度提炼，使其更概括、更富有想象力，如图 6-52 所示。

2）夸张，即突出动物的典型特征，使大的更大，小的更小，圆的更圆等。夸张手法可运用于整体，也可运用于局部。

3）添画，即锦上添花，为使形象更富有装饰性，添加一些无关的纹理和图形，使形象更加生动、美观。

4）拟人化，是幼儿园动物装饰画常用的手段，指赋予动物造型以人的形体特征、动作及表情，使形象更富有装饰情趣，如图 6-53 ～图 6-61 所示。

图 6-52　马　毕加索作

图 6-53　学生临摹作品

图 6-54　学生临摹作品

图 6-55　学生临摹作品

图 6-56　学生临摹作品

图 6-57　学生临摹作品

图 6-58 学生临摹作品

图 6-59 学生临摹作品

图 6-60 学生临摹作品

图 6-61 学生临摹作品

以上几种方法往往综合运用，才能创作出好的作品。近年来，儿童读物琳琅满目，其中的动物画装饰手法也日益丰富多彩，出现很多优秀作品。

五、人物形象装饰画

人物形象装饰画运用夸张变形的手法，对人物素材进行加工处理，使其更具备形式美的特征和理想美。人物形象在造型艺术中被视为形体结构较难把握的描绘对象，因此在装饰画创作过程中，首先是删繁就简，多采用具象和抽象结合的方法进行夸张变形，创作出简洁而充满形式感的人物造型是人物装饰画的核心，如图 6-62 ～图 6-71 所示。

图 6-62　学生临摹作品

图 6-63　学生临摹作品

图 6-64　学生临摹作品

图 6-65　学生临摹作品

图 6-66 学生临摹作品

图 6-67 学生临摹作品

图 6-68 学生临摹作品

图 6-69 学生临摹作品

图 6-70 高山族儿童 周菱作

图 6-71 太阳梦 周金花作

儿童题材的人物装饰画主题鲜明，充分展现童真童趣。

思考与练习

1．作色彩风景装饰画两幅。
2．作色彩花卉装饰画两幅。
3．作色彩人物装饰画两幅。

第四节 装饰画创作

装饰画创作指围绕一定的主题或创意去设计形象，构思画面色彩、构图，并制作完成，一般有以下环节：

一、确立主题

装饰画一般应有主题，抽象装饰画主题相对含蓄些，具象装饰画主题较为明确，尤其是以幼儿为观赏对象的作品，主题则更鲜明、直观。

二、设计形象

根据立意和内容的需要，设计主体形象。装饰画形象可分为抽象的几何形和具象的动物、人物等，幼儿园中的装饰画一般以动物或儿童人物形象为素材。

三、构图设计

在以具象形象为主的装饰画中，主体形象应置于画面的视觉中心，但各形象之间的关系不同于写实绘画中的处理，不追求空间虚实，呈现平面化，强调各形象元素间形成的诸如平行、对称、均衡等形式感。抽象形象为主的装饰画中，则更注重几何形之间的形式关系。

四、色彩设计

装饰画的色彩充满激情与想象力，同时使人产生丰富美妙的联想。装饰画色彩设计中，不仅要考虑到色调的处理，还应考虑到它与环境相互依存的关系以及观赏者的感受，如为儿童设计的装饰画，色彩应明快鲜艳，符合儿童的性格特点。

五、表现手法多样化

装饰画不同于一般绘画分类，主要因其风格、功能界定，而工具材料的选择广泛而自由，不同的表现手法，创造出丰富的视觉效果，突出材料的美感，如图 6-72 ～图 6-74 所示。

图 6-72　雪花不见了　王晓镜作

图 6-73　拾　浦新梅作

图 6-74　我和小企鹅　张素娟作

思考与练习

1．作黑白与色彩风景装饰画各一幅。
2．作色彩花卉装饰画一幅。
3．作色彩人物装饰画两幅。

第七章

幼儿园装饰环境创设

本章知识点

1. 培养学生对幼儿园装饰环境创设的审美能力和创造能力；
2. 学习和掌握幼儿园装饰环境的创设原则与表现技巧。

第一节 幼儿园装饰环境的创设原则

幼儿园装饰环境创设是幼儿园环境不可缺少的一部分，它将装饰绘画、绘画技法与手工制作紧密地结合在一起，不仅具有装饰、美化环境的作用，而且可以丰富幼儿的知识，培养幼儿的审美能力和创造能力，对幼儿的发展有着潜移默化的教育作用。

幼儿园装饰环境创设分布于室内与室外。如教室、周围环境、墙面布置、建筑外墙等，如图 7-1 ～图 7-5 所示。

图 7-1　建筑外墙

图 7-2　墙面布置

图 7-3　墙面布置

图 7-4　墙面布置

图 7-5　墙面布置

（一）教育性原则

幼儿处于身体、智力迅速发展的重要时期，对周围事物的认识大部分是通过环境的潜移默化作用和影响获得的。环境是幼儿学习的中介和桥梁，应通过环境的创设和利用，使幼儿在欣赏的过程中受到教育。

幼儿园装饰环境的创设，要以幼儿的认知水平、兴趣、情感为出发点，设计的画面要富有童趣，内容要浅显易懂，形象直观、生动，让幼儿通过装饰环境的创设感受自然、了解自然，丰富社会常识，激发幼儿的求知欲，促进幼儿良好品德的形成，如图 7-6～图 7-8 所示。

图 7-6　楼梯装饰

图 7-7 学生作品

图 7-8 学生作品

（二）参与性原则

幼儿园装饰环境创设的过程应是教师与幼儿共同参与合作的过程，如教师可以开放教室的一角，给幼儿提供各种材料，将设计的主动权交给幼儿，鼓励幼儿积极地参与设计的全过程，设计自己感兴趣的内容，自主地选择和使用材料，使幼儿体会到设计的快乐，充分发挥创造力、想象力，锻炼动手能力，获得能力范围内的经验和知识。

在参与过程中，幼儿与幼儿之间分工合作，提高了幼儿的合作能力，如图 7-9～图 7-11 所示。

图 7-9 学生作品

图 7-10 学生作品

（三）合理性原则

幼儿园装饰环境的设计，要体现以幼儿为本的思想，使用幼儿喜欢的造型和色彩，使幼儿置身于富有童趣的环境中。

幼儿不同年龄段差异明显，对环境的要求各有不同，应注意这种差异，尽量设计符合幼儿年龄特征和发展需要的幼儿园装饰环境。例如：

小班：在色彩上，以艳丽的基本色为主，色彩单纯，接近自然；造型要幼稚、简洁；内容多以幼儿熟悉的花、草和动物等为主要题材。

中班：可创设充满色彩美和常识性较强的装饰环境。

大班：多设计问题性强的内容，提高幼儿的发问意识，发挥装饰环境创设的教育作用，如图 7-12 和图 7-13 所示。

图 7-11　学生作品

图 7-12　学生作品

图 7-13　学生作品

（四）发展性原则

幼儿园装饰环境的设计内容是根据教师教育目标和幼儿身心发展水平，分期变换创设的。例如：根据幼儿不同时期的兴趣变化和认识能力变换装饰环境的设计内容，也可随着季节的交替变化而变化设计内容。

装饰环境的设计内容还应体现一些具有时代特征、反映社会发展进步的内容，如图 7-14 所示。

（五）经济性原则

由于幼儿园环境的装饰设计不是一成不变的，具有一定的周期性，因此应根据幼儿园

图 7-14 学生作品

自身的经济条件，以经济实用性为出发点选用材料。特别是选择和利用废旧物品进行创设。例如：旧挂历纸可以制作拼贴画；易拉罐、饮料瓶和纸盒制成幼儿玩的小汽车或摆设的小桌凳等小工艺品，如图 7-15 和图 7-16 所示。

图 7-15 学生作品

图 7-16 学生作品

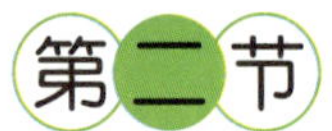

第二节 幼儿园装饰环境创设的主要表现形式

（一）悬挂式

用纸、绳、布等材料制成垂柳、藤蔓，装饰在幼儿园门窗周围或墙面上，随风摆动，给人以清新感与真实感。也可在天花板上悬挂装饰物品，如图 7-17 ～图 7-20 所示。

（二）粘贴式

粘贴式多以墙面、地板、天花板为底，使用各种容易加工的材料经过剪、撕、折、刻

图 7-17　悬挂式装饰一

图 7-18　悬挂式装饰二

图 7-19　悬挂式装饰三

图 7-20　悬挂式装饰四

等方法制作而成。粘贴式可分为平面粘贴和半立体粘贴。

1. 平面粘贴

选择布、纸（彩色挂历纸、吹塑纸、彩色卡纸、牛皮纸等）、软塑料板等进行平面造型的设计，如图 7-21 ～图 7-24 所示。

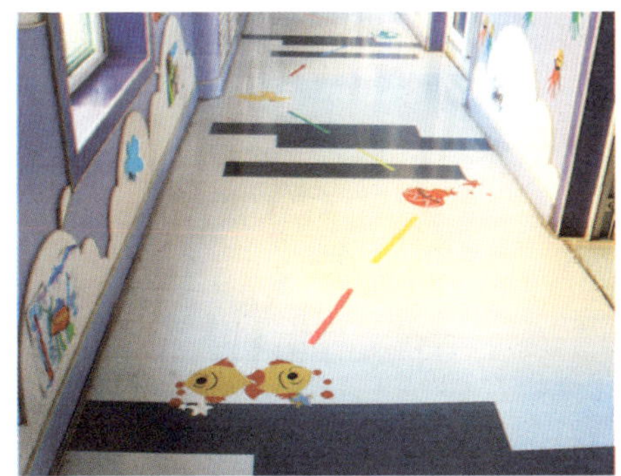

图 7-21　学生作品

图 7-22　学生作品

图 7-23　学生作品

图 7-24　学生作品

2. 半立体粘贴

选用易拉罐、矿泉水瓶、绳子等材料直接粘贴创设。也可将平面的纸折叠出一定的立体感进行使用，如图 7-25 ～图 7-30 所示。

图 7-25　学生作品

图 7-26　学生作品

图 7-27　学生作品

图 7-28　学生作品

图 7-29　学生作品

图 7-30　学生作品

（三）装饰壁画式

装饰壁画式适用于门厅、礼堂、建筑物外墙等较大的空间，使用周期较长。

1. 装饰壁画式环境创设的工艺特点

室内装饰壁画式环境设计，所采用的作画材料多选用丙烯颜料。丙烯材料附着力强，不怕水，易于长期保留，平时可直接用布擦洗灰尘。此外，油画、水粉画与油画棒画也可作为表现方法，如图 7-31 和图 7-32 所示。

图 7-31　楼梯装饰一

图 7-32　楼梯装饰二

室外装饰壁画式环境创设所选用的材料，要考虑到防水、防晒等自然因素。可在外墙上涂抹防水材料后，使用丙烯、油画等颜料直接绘制。也可选择工艺要求高的材料，如彩色瓷砖、彩色玻璃、马赛克等镶嵌材料，由专业人士制作完成，如图 7-33 和图 7-34 所示。

2. 装饰壁画式环境创设的构图特点

1）装饰壁画所绘制的空间较大，观赏者多从远处进行观赏，因此画面形象不宜太琐碎，要保持视觉的完整性和画面的统一性。

2）构图的基本形式主要有以下几种：

散点式：不受时空的限制，各形象之间可以不接触地散布于画面之中，形象之间可以进行主次、疏密等搭配。

图 7-33　墙面装饰一

图 7-34　墙面装饰二

透叠式：在有限的平面空间内展示更多的完整的形象。

对称式：运用同量不同形的相对对称式，在统一中求变化。

横带式：适用于较长的墙面。

具体表现形式如图 7-35 ～图 7-39 所示。

图 7-35　壁画一

图 7-36　壁画二

图 7-37　壁画三

图 7-38　壁画四

图 7-39　壁画五

思考与练习

1．作幼儿园装饰环境设计草图（黑白稿）三幅。
2．作幼儿园装饰环境设计草图（彩色稿）两幅。
3．实地设计幼儿园装饰画一幅。

主要参考文献

卜维勤．1992．世界装饰画［M］．广州：岭南美术出版社．

陈敬良．2005．装饰画［M］．长沙：中南大学出版社．

韩美林．1979．山花烂漫［M］．济南：山东人民出版社．

汉唐出版制作公司．2004．卡通简笔画法［M］．济南：明天出版社．

禾稼．2005．儿童简笔画大全［M］．长春：吉林美术出版社．

黄珂．1987．素描教学［M］．长沙：湖南美术出版社．

李昌国，李昌平．1999．静物素描②［M］．北京：中国民族摄影艺术出版社．

李全华．2007．幼儿园环境创设［M］．杭州：浙江大学出版社．

潘长臻，徐萱．1978．水粉画技法［M］．济南：山东人民出版社．

邱建甫．2006．幼儿园环境创设资料大全［M］．杭州：中国美术学院出版社．

邵玲珠．2005．装饰色彩［M］．杭州：浙江大学出版社．

藤堂 RYO．2005．卡通漫画绘画技法［M］．杨海燕，译．沈阳：辽宁科学技术出版社．

辛宏静．2001．少儿卡通简笔画［M］．沈阳：辽宁美术出版社．

颜铁良．2002．素描［M］．北京：高等教育出版社．

余乐孝．2002．应用美术［M］．北京：高等教育出版社．

张秋菊，王丰．2005．儿童简笔人物画［M］．北京：金盾出版社．

中央美术学院中国画系．2004．中国画［M］．北京：高等教育出版社．

周宏工作室．2006．养心斋速成描摹画谱·工笔禽鸟［M］．南京：江苏美术出版社．

周利群．2005．装饰画［M］．长沙：湖南大学出版社．

宗卫和．2005．美术［M］．南京：河海大学出版社．

宗卫和，黄载文．2003．美术［M］．南京：河海大学出版社．